知的生きかた文庫

「ロンリ」の授業

ＮＨＫ『ロンリのちから』制作班
野矢茂樹　監修

三笠書房

はじめに

「論理的思考力」が大切だとよく言われます。たしかにその通りでしょう。

でも、そもそも論理的思考力っていったい何だろう――？

そんな素朴な疑問からＮＨＫ・Ｅテレの『ロンリのちから』という番組が生まれました。本書は番組の内容に、番組を監修していただいた野矢茂樹先生の解説を新たに加えることで、よりじっくり、そしてより深く、論理的思考力について学ぶことができるようになっています。


舞台は高校の演劇部。部員たちが脚本を練り上げていくなかでさまざまな意見の対立や、すれ違いが起こります。それを論理のちからで鮮やかに解決……というと、なんだ、高校レベルの話かとがっかりされるかも知れませんが、ちょっと待ってください。この本を読み進めるうちに、職場や家庭でも似たようなことが起きているのに気づくはずです。

どうすれば相手に伝わる話し方ができるのか。もっと上手に説明できたらいいのに。相手からの質問に的確に答えたい。……どれも私たちの日常でよく見られる悩みです。

さらに、論理的に見えて実は論理的ではない「ニセモノの論理」に騙《だま》されないようにすることにも力を置きました。質問に対してわざと論点をずらしてはぐらかそうとする人、事実を述べているふりをして自分の考えを押しつけてくる人、「こんなの常識だろう！」と頭ごなしに意見を通そうとする人……本書にはそんな反面教師もたくさん登場します。そうした「ニセモノの論理」を見抜き、反論できるようになる。これは、SNSが発達した現代を生きる私たちがとくに身につけておくべき能力です。

本書の最終章は、「異なる意見を尊重する」です。よく聞くフレーズですが、実は難しいテーマです。相手の意見にただ「同調」することと「尊重」することは違います。とはいえ、自分の意見と相手の意見は違うけれど、人それぞれでいいよねというのでは、いつまでたっても共通の理解にたどりつくことができません。

ではどうすればいいのでしょうか。誠意と情熱があればきっといつかは分かりあえる？　本当にそうでしょうか。論理のちからで考えてみることにしましょう。

NHK『ロンリのちから』制作班

監修の言葉

野矢茂樹

この本は、NHK・Eテレで放送された『ロンリのちから』の第二シーズンをもとにして作られています。その番組の監修も私が担当しました。そして、番組作りがとても面白かったものですから、脚本作りにも参加させてもらいました。夏目現《なつめげん》さんという映像作家の方と、楽しみながら、苦労しながら、協力しあいながら、ときにぶつかりあいながら、何回もメールでやりとりして脚本を作ったことを思い出します。そうしてできた脚本が、役者さんたちの力の入った演技と、夏目さんによるEテレとは思えないほどお洒落な映像で、ひときわ異彩を放つ番組になったのです。

それがこうして三笠書房の編集の力で本になりました。残念ながら、本では映像は再現できませんが、脚本はイラスト付きでほぼ再現され、さらにテレビのときよりも多くの解説がついています。内容は、論理的なコミュニケーション力のために絶対必要なものばかりで、すぐにでも生活や仕事に応用できるでしょう。ここに登場する演劇部の高校生たちがだんだんと成長していくように、これを読み終えたときには、あなたもきっと論理の力がレベル・アップしているのを感じるはずです。

contents

Lesson 1

【見せかけの根拠】

「なぜ、そう思うのか？」考えの〝根っこ〟に注目するとうまくいく！

Lesson 2

【推測の確かさ】

「できる限り強い証拠を！」〝より確実な答え〟にたどり着くのが大事

Lesson 5

【ニセモノの説得力】

「そんなの常識だろう！」 〝決めつける言い方をする人〟にも上手に切り返す！

Lesson 8

「みんなそうしているから」〝思考停止を招く呪文〟に流されない

【横ならび論法】

本文イラスト　平尾直子

本書の使い方

本書は、「論理のちから」を楽しんで身につけていただけるように、一部、ストーリー形式にしました。舞台は、とある高校の演劇部。学園祭で発表する劇の台本をみんなで協力してつくっています。ストーリーは、「ある日突然、主人公以外の人が世界から消えてしまった」というところから始まります。

演劇部が「論理のちから」を使って紡《つむ》いでいくストーリーを、論理の基本を学びながらお楽しみください！

［**不思議の国のロンリ劇場**］アリスやうさぎさんをはじめとした不思議の国のきてれつな住人が、論理について楽しいやりとりを繰り広げます。本編とは少し違った角度から「論理的ってこういうことだったのか」という気づきが得られます。

［**解説**］各レッスンの終わりごとに論理教育の第一人者・野矢茂樹先生が解説。ユーモアあふれる軽快な文章を楽しみながら、ものの見方、考え方が変わっていくはずです。

登場人物紹介

溝口先生《みぞぐち》

演劇部の顧問。
いつも
どこからか現われる
謎の多い人

マリア

演出担当。
世話好きな
がんばりやさん

来《らい》緋《ひ》

主役のタネ役。
クールな1年生部員。
裏でコツコツ努力型

圭《けい》次《じ》

脚本担当&アジオ役。
職人気質。
腑に落ちないことは
きらい

ノーノ

ヒネ役。
明るい人気者。
思ったことを
すぐ口にする

南《みなみ》 淳《じゅん》

1年生部員

Lesson 1

見せかけの根拠

「なぜ、そう思うのか？」考えの〝根っこ〟に注目するとうまくいく！

「意見」＋「根拠」＝伝わる話し方の大原則

「論理のちから」には、さまざまな側面があります。なかでも日常生活において大切なのは、**「自分の考えを伝えるちから」**と、**「相手が話すこと（書くこと）を読み解くちから」**です。

これらは、家族や友人・知人との会話や、ビジネスでの会議や商談といったあらゆるシーンで鍵となるちからです。

これらのちからの根底には、自分と違う価値観や、異なる意見をもっている（かもしれない）相手とコミュニケーションをはかろうとする「話し合いの精神」が流れています。

当然ですが、話し合いはひとりではできません。何かを伝えたいときは、**「相手からあなたの意見はどう見えるか」**という視点を忘れてはいけません。

「あなたが言いたいこと（＝意見）」をまずはっきりさせましょう。そして、なぜそう考えるのか、その**「根拠」を筋道立てて説明する**必要があります。

「根拠」のない「意見」は、相手からすると憶測、当てずっぽう、独断にすぎません。

例えば、上司に、

「予算をあと10万円上乗せしてください」

とお願いしたい場合。

これだけだと自分の意見をぶつけているだけ。相手に納得してもらうのは難しいでしょう。

そこで、「なぜ＝根拠」の出番です。

「[意見] 予算をあと10万円上乗せしてください。[根拠] あと10万円あればより確実なプロモーションを打つことができます」

と言ったらどうでしょう。

「なるほど」「それは違う」「そんな考えもあったか！」……反応はさまざまでしょうが、相手は根拠を基にその意見が妥当かどうか判断することが可能になります。

意見と根拠。これを相手に分かるように筋道立てて説明すること。

これが「論理的に伝えること」の基本です。

このレッスン1の章では、この「根拠」について見ていきます。

この本では、最後まで楽しんで読みながら、「論理のちから」を身につけていただけるように、ストーリー形式で話をすすめていきます。

舞台は、とある高校の演劇部。部員は演出担当のマリア、脚本担当兼アジオ役の主次、ヒネ役のノーノ、タネ役の来緋《らいひ》。

「世界から自分以外の人がいなくなってしまった」という主人公の独白から始まる劇をつくろうとしています。

部員たちは台本を練りながら練習を重ねます。ところが、その台本をめぐって、意見の対立が生まれます。ときには練習がストップしてしまうことも。

そこに颯爽《さっそう》と現われるのが、演劇部の新しい顧問《こもん》、溝口先生です。溝口先生は、なぜ対立が生まれたのかを解き明かし、それを「論理のちから」で鮮やかに解決していきます。

みなさんも登場人物たちと一緒になって、問題を解決するつもりで読んでみてください。


おや、今日は演劇部が体育館のステージで練習をしているようですよ。

ちょっとのぞいてみましょう。

「議論が議論にならない」本当の理由《ワケ》

（誰もいない住宅街を背景に、ひとり立ち尽くす高校生のタネ）

タ　ネ　ぼくはタネ。気持ちが種ほど小さいから、みんなにそう呼ばれていた。しかし、そう呼ぶみんなはもういない。あちこち歩き回ったけど、誰も見当たらない……。この世界からみんな消えてしまった……。

マリア　ストップ！　演出の立場からいうと、なんかしっくりこないんだよね〜。
圭　次　えっ？　どこが？
ノーノ　あのさ、今の背景は街の中だけど、部屋の方がよくない？
圭　次　なんで？　街の方がいいよ。

マリア　街だとしても住宅街の風景は違うよ。例えば、駅の構内とかスーパーの中とか……。

ノーノ　部屋の方がいいよ！

マリア　来緋《らいひ》はどうなの？　来緋がどれに賛成するかで決まるよ。

（そこへ、顧問の溝口先生が颯爽と登場）

溝　口　あなたたちがしていることは、ただ自分の意見を言い合っているだけの「**水かけ論**」ね。**互いの意見を理解しようとしないで、ただ結論だけを求めている。**

マリア　失礼ですけど、どちらさまですか？

溝　口　映像部の顧問をしている溝口よ。産休の成瀬先生に代わって、あなたたち演劇部を見ることになったの。
そんなことより、話し合いをする際には、まず、**相手の考えを理解しようと**

しなければダメ。

圭次　これ以上、何を理解すればいいのですか？

溝口　なぜ、ノーノが部屋の中がいいと言うのか分かる？

圭次　それは……。

＊

このように、互いに自分の意見を主張し合うだけで、平行線のまま結論にたどりつかない議論のことを**「水かけ論」**といいます。

私たちは仕事でもプライベートでも、気づいている・いないにかかわらず、しばしば「水かけ論」に陥ります。

そして、大抵の場合、権力をもっている人、声が大きい人、威圧的な人の意見が通ってしまうのです。それでは「建設的な結論」にたどりつくのは難しいでしょう。

「水かけ論」に陥らないためには、

①お互い「なぜ、そう思うのか」という根拠（理由）を提示すること

②相手が提示した根拠をきちんと検討すること

のふたつが必要です。

とくに忘れてはならないのが②です。いくら理由を述べても、それを無視して言い合っていては、「水かけ論」から抜け出すことはできません。

意見
根拠
意見と根拠はワンセットね
相手の根拠をきちんと検討しなきゃね

演劇部のみんなの「根拠」はどんなものなのでしょうか。

「なぜ、そう言えるのか？」筋道が大事

溝　口　それぞれ自分がどうしてそう考えるのか根拠を言ってごらんなさい。
ノーノ　だって、部屋の中にいる方が感じ出てると思うし。
圭　次　違うよ、街を歩いていて立ち尽くすからいいんだよ。
マリア　いやいや、ここは演出家の直感がだいじでしょ。
溝　口　どれも「根拠」になってないわ。
例えば、根がしっかりしていなければ木は枯れてしまう。同じように、**何かを考えるときにも根をしっかり張ることがだいじ。**
マリア　考える根って「根拠」ってこと？
溝　口　そう。**形だけ根拠になっていても、実は根拠になっていないこと**がよくあるの。いわば**「見せかけの根拠」**ね。
見せかけだけの根拠に騙《だま》されないようにしなくてはいけないわ。

堂々巡りの「循環論法《じゅんかんろんぽう》」――A。なぜなら、Aだから

溝口先生が指摘した**「見せかけの根拠」**にはどういうものがあるのでしょうか。具体例をいくつか見てみましょう。

母「勉強しなさい！」
息子「どうして勉強しなくちゃいけないの？」
母「またそんなこと言って。勉強はだいじだからよ！」

この会話の「意見」と「根拠」を取り出してみましょう。

◎意見＝勉強しなさい
◎根拠＝勉強はだいじだから

ここで、根拠として言われている「勉強はだいじ」は、「勉強しなさい」とほぼ同じことを繰り返しているにすぎません。「勉強しなさい」という母親の言葉に納得しない息子は、「勉強はだいじ」ということにも納得しないでしょう。

このように、根拠（理由）と意見（結論）が同じになってしまっているものを、**「循環論法《じゅんかんろんぽう》」**と言います。

「A。なぜならAだから」という堂々巡りになっているのです。

例えば、あなたが会社でコピーを取ろうとしたときに、同僚がやってきて、

「先にコピー機を使わせてもらえませんか？」

と言われたとします。

そのとき、あなたが「どうして？」と尋ねて、相手が「コピーを取りたいから」と答えたとしたら、どうでしょう？　おかしいですよね。

「コピー機を使いたい」という主張の根拠が「コピーを取りたい」では「循環論法」です。こんな「根拠」は何も言っていないのと同じなのです。

神はいる
聖書に
そう書いてある
聖書は神の言葉だから
正しいんだ!!
これも
循環論法
ですね

根拠に見せかけて「意見を繰り返しているだけ」

では、こんな会話はどうでしょう。

A「最近の観葉植物ってダメだよね」
B「あんなの全然ダメ。逆にダサい。やっぱ盆栽がいちばん」
C「なんでそう思うの？　最近の観葉植物の何を知っているの？」
A「だって、あんなのくだらないもん」

この会話の「意見」と「根拠」を取り出してみましょう。

- 意見＝最近の観葉植物はダメだ
- 意見＝逆にダサい、盆栽がいちばん
- 根拠＝くだらない

「最近の観葉植物はダメだ」「逆にダサい、盆栽がいちばん」という意見の根拠が「(観葉植物は)くだらない」となっています。それぞれ自分の好き・嫌いは伝わりますが、根拠がたんに意見を繰り返したものにすぎないため、どうしてダメなのか、なぜダサいのかが分からないので、相手を納得させることはできません。

もうひとつ、例えばこんな会話はどうでしょうか。誰のどの発言がおかしいか、一緒に考えてみてください。

男「幸福は金なんかじゃ買えやしないんだ」
女「そんなことありません。お金があれば、幸福は手に入ります」
おばあさん「あんたたち、自分の意見だけ言い合っててもダメ。根拠、根拠!」
男「そうだな。幸福は金なんかじゃ買えないんだ。なぜなら。金には代えられない幸福があるからだ」
女「いいえ、お金があれば幸福は手に入るわ。なぜなら、お金があれば誰でも幸せになれるからよ」

それぞれの意見と根拠を書き出してみましょう。

【男】

◎意見＝幸福はお金で買えない
◎根拠＝お金には代えられない幸福がある

【女】

◎意見＝お金があれば幸福は手に入る
◎根拠＝お金があれば誰でも幸せになれる

書き出してみるとよく分かりますが、男女二人とも根拠に見せかけて**実は同じことを言い換えているだけ、つまり「見せかけの根拠」**です。

「根拠を求めること」で考えが深まる

それでは、演劇部のみんなの「意見」と「根拠」をもう一度思い出してみましょう。

【圭次】
- 意見＝（舞台の背景は）街の中（がいい）
- 根拠＝登場人物が街を歩いていて立ち尽くす方がいい

【マリア】
- 意見＝駅の構内／スーパーの中
- 根拠＝演出家の直感

【ノーノ】
- 意見＝部屋の中

◎根拠＝登場人物が部屋の中にいる方が感じが出ている

どれもまだちゃんとした根拠にはなっていません。では、なぜそういう意見なのか、どうしてそう考えるのか、根拠を掘り下げてみましょう。

圭次　誰もいないんだから、誰もいない街の様子を見せるのがいちばんでしょ。部屋の中じゃ外のことは分からないもん。

マリア　でも、誰もいないってことだから、以前は人がたくさんいたところがいいでしょ。駅の構内とか、スーパーの中とか。

ノーノ　だって、本当は誰もいないんじゃなくて、このあと私、ヒネの役で登場するんでしょ？

圭次　うん、そう。タネは誰もいなくなったと思い込んでる。でも……。

マリア　あ。ねえ、この場面で見せたいのは誰もいなくなったという事実？　それともそう思い込んでいるタネの孤独感？

圭次　孤独感だね。

マリア　タネは自分ひとりが取り残されたと思い込んでいる。だったら、部屋の中の方がタネの孤独感をより強く出せるんじゃないかな。

圭　次　さっきと言ってること違うじゃん。

マリア　これはノーノの考えの根拠だね。だけど、どうして部屋の中がいいと思うのかノーノの立場になって考えてみたら、そっちのほうがいいなって思ったの。

圭　次　部屋の中の方が世界から孤立したタネの心をよく表わしてる。

来　緋　じゃあ、僕は部屋の中で孤独に押しつぶされそうになっている感じで演技しますか！

溝　口　**根拠を求めることで考えが深まる。考えが深まることで意見が変わっていくこともあるの。そうしてよりよいものが生まれるの。**

話し合いをした結果、

◎意見＝部屋の中（ノーノの意見）

◎根拠＝タネの孤独感をより強く出せるから

このようにまとまったようですね。
それでは、新しい脚本で演劇の練習を再開しましょう。

（自分の部屋でひとりきりのタネ）

タ　ネ　あちこち歩き回ったけど、誰も見当たらない……。この世界からみんな消えてしまった……。

マリア・圭　次　いいね！

圭　次　今までは、とにかく自分の意見をはっきり言えばいいと思ってたけど、それだけじゃダメなんだ……。

マリア　**どうしてそう考えるのか、「根拠」を考える。そうするとお互いをもっと理解できて考えも深まっていく。**溝口先生、これって……。

溝　口　そう。**見せかけではない根拠を考える。**それは論理のち・か・ら。

「見せかけの根拠」をやっつけろ！

ハンプティダンプティ　アリスって名前には意味があるのかね？

アリス　ないわよ。

ハンプティダンプティ　意味がない？　名前には意味がなくてはいかん。

アリス　どうして？

ハンプティダンプティ　どうしてだと？　いいかね、我が輩の名前「ハンプティダンプティ」はこの丸い素敵な形を意味しておる。だから、あらゆる名前には意味がなくてはならんのだ。

アリスはうさぎさんに相談に行きました。

アリス　ねえ、うさぎさん。これって……。

うさぎさん　「見せかけの根拠」だね。

アリス　私、言い返せなかったんだけど、どうしたらよかったのかな？

うさぎさん　追求するのさ。**「どうしてそれが根拠になるの？」**ってね。やってごらん？

アリス　どうしてそれが根拠になるの？　あなたの名前に意味があるということから、名前が全部意味をもたなくちゃいけないなんてどうして言えるの？

うさぎさん　そうそう。

アリス　ところでうさぎさん、うさぎさんの名前はなんなの？

うさぎさん　うさぎさん、だよ。

アリス　え～～～～～～っっ！！！

解説

「見せかけの根拠」

これは本当に根拠になっているのか

自分の考えを言う。でもそれは相手の考えと違う。そんなことはよくあります。そういうとき、相手の人は必ずしもあなたの考えに納得してくれないかもしれません。さらには、あなたの考えをきちんと理解してくれないかもしれない。では、どうすればよいのでしょう。

自分の考えをただ主張するだけではなく、どうしてそう考えるのかを相手に伝えることが必要です。

「私はこう考える」とだけ言い張るのではなく、そのように考える理由を説明する。ある考えに対して、どうしてそう考えるのかという理由を、その考えの「根拠」と言います。自分と考えの異なる相手に自分の考えを理解してもらい、そしてできれば納得してもらうには、根拠を示さねばならないのです。

でも、気をつけなければいけないことがあります。根拠を示したような形になっていても、実はあなたの考えを理解してもらうためにほとんどなんの足しにもなっていないし、説得力を増す力ももっていないということが、しばしばあります。見掛け倒しの、「見せかけの根拠」です。

見せかけの根拠を振り回さないようにする。そして逆に、相手が見せかけの根拠を示してきたときにそれに騙されないようにする。論理の力を正しく使うために、これは本当にだいじなことです。

見せかけの根拠にはどんなものがあるでしょう。

根拠を挙げて考えを述べるときの代表的な形は「A。だから、B」というものです。Bという考えに対してAがその根拠として挙げられています。しかし、根拠Aと結論Bのつながりが弱すぎる場合があります。

例えば、

「この前つきあった男はマザコンだった。だから、男なんてみんなマザコンだ」

というのは、根拠と結論のつながりが弱すぎて、見せかけの根拠にすぎません（もっといろんな男性とつきあった方がいいでしょう）。

今回の「不思議の国のロンリ劇場」でのハンプティダンプティの主張は、このタイプですね。

逆に、根拠と結論がほとんど同じという場合も、見せかけの根拠です。

「勉強はだいじだから、勉強しなくちゃいけない」

というのは、このタイプの例です。

なぜ根拠を挙げなければいけないのか。それは、自分の考えをきちんと理解してもらうためです。そして、自分の考えに納得してもらうためです。

形だけの見せかけの根拠になっていないか、気をつけましょう。また、そんな見せかけの根拠に振り回されないように！

Lesson 2

推測の確かさ

「できる限り強い証拠を！」〝より確実な答え〟にたどり着くのが大事

絶対確実の「演繹《えんえき》」。外れる可能性アリの「推測」

レッスン1で、自分の考えや意見を述べるときには、「根拠」を示すことが大切だということを学んでいただけたと思います。

根拠を挙げて考えを述べるときに多く使われる「A。だから、B」のように、**ある前提（根拠）Aから結論Bを導き出すことを、少し難しい言葉で言うと、「論証《ろんしょう》」といいます。**

そして、この「論証」にもいくつか種類があります。例えば、

「東京ディズニーランドは浦安市《うらやす》にある。だから、東京ディズニーランドは千葉県にある」

のように、前提（A）を認めたら、もうここで示されている結論（B）以外の可能性は絶対にないというもの、このような推論を**「演繹《えんえき》」**といいます。

これに対して、ある事実をもとに、それを説明するような「仮説」を提案する、このような絶対確実とは言えない推論を**「推測」**といいます。例えば、

「すぐにメールの返信をくれる彼女から

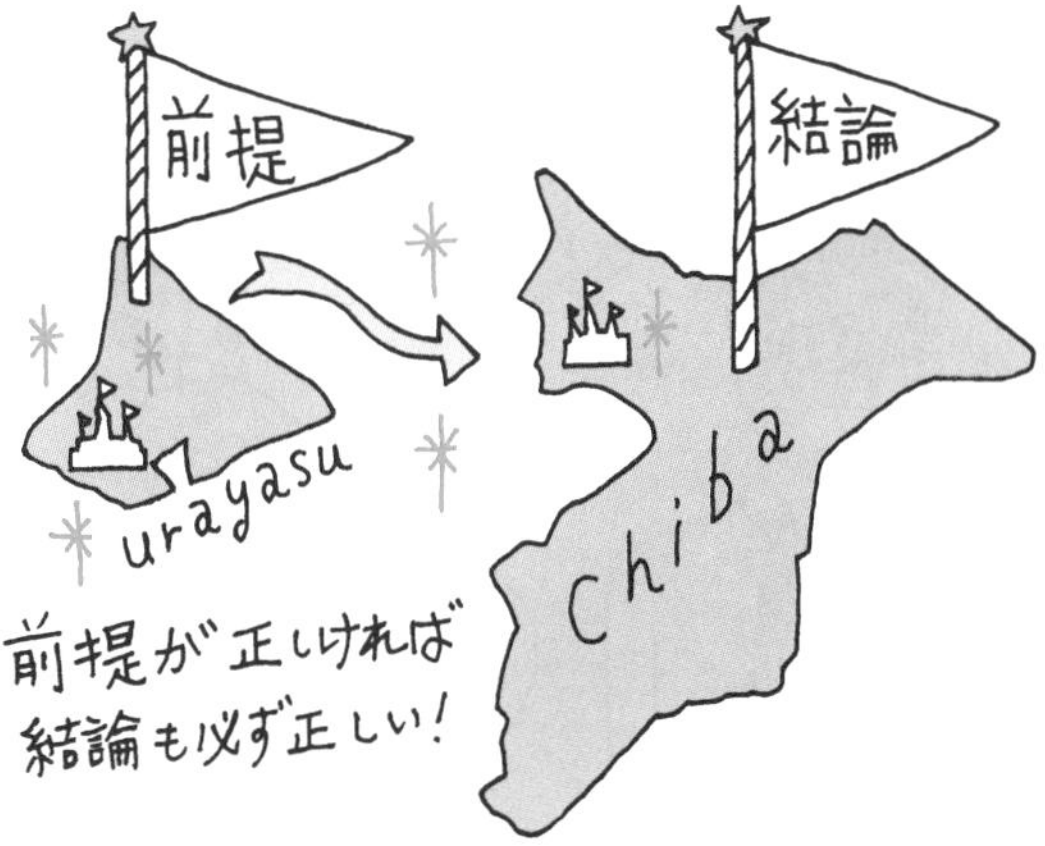

返信がない。彼女は今忙しいに違いない」

　といったようなものです。

　いつも返信が早い彼女から返信が来ないことから、メールをする時間がないほどに忙しいのだろうと考えたわけです。

これはもっともらしい推測と言えるかもしれませんが、「絶対に確実か」と言うと、もちろんそうではありません。

　もしかしたら、彼女は携帯をどこかに忘れてしまったのかもしれませんし、何らかの理由で気分を害していて返信をする気にならないのかもしれません。

　レッスン2では、この**「推測」**について学んでいきましょう。

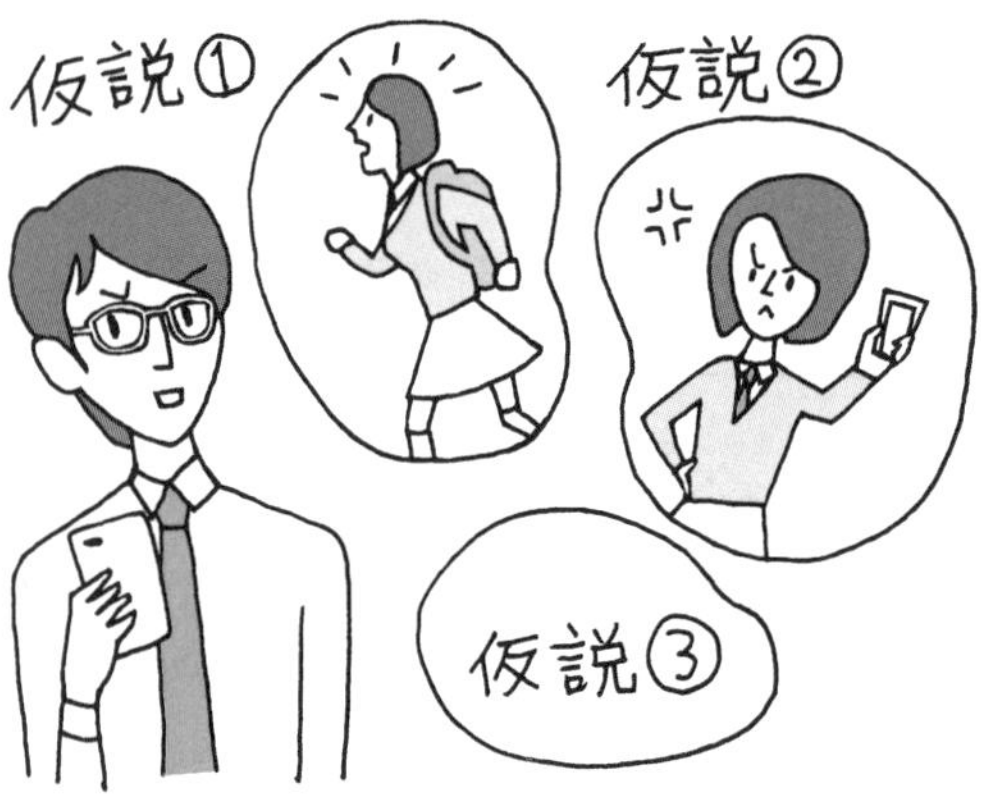

今日も、演劇部が体育館のステージで練習をしているようです。
早速、見てみましょう！

「弱い証拠」で満足してはいけない！

タネ　誰もいなくなった世界を僕は楽しんでいた。もう世界はこのままでいいとさえ思っていた。もともと僕はこんな世界を願っていたのかもしれない。誰もいなくなってから数日が経《た》ち、電力の供給が止まった。街からは光が消え、世界は闇に沈んだ。

（タネの双子の妹・ヒネが突然部屋に入ってくる）

ヒネ　なにしてるの？

タネ　ヒネ、生きていたのか！

ヒネ　生きてたわよ、悪い？　京都で吹奏楽部のコンクールだったんだけど、譜面《ふめん》をめくって顔を上げたら、みんな消えちゃってて。

タネ　えっ、歩いて帰ってきたの？

ヒネ　だって自転車乗れないんだもん。

タネ　……生きてる人は見た？

ヒネ　いるんじゃない？　生きてる人ぐらい。

タネ　生きてる人ぐらいって……。

ヒネ　飲みかけのペットボトルが置かれていたのを見たよ。

タネ　飲みかけのペットボトル……そうか、生きてる人がいるかもしれない。

マリア　ちょっと待って！　圭次〜、ここさぁ、飲みかけのペットボトルくらいで疑い深いタネが納得しちゃうかな？
圭次　なんで？　納得しちゃうでしょ。飲んでた人がいるってことなら。
ノーノ　でも、いつ置かれたのか分からなくない？
圭次　じゃあ、洗濯物が干してあった、ならどう？
マリア　それも同じだよ。ずっと前から干してあってそのままになってるかもしれないじゃん。
圭次　じゃあ、さっきまで干してあった洗濯物がいつの間にか取り込まれている。だから生きている人がいる、ってどうかな？
来《らい》緋《ひ》　風で飛ばされたのかもね。
圭次　ダメかぁ。
（そこへ、顧問の溝口先生が颯爽と登場）
溝口　ダメというわけではないわ。

みんな　溝口先生！

溝　口　飲みかけのペットボトルとか洗濯物といった証拠に基づいて、生きている人はいるかどうか考えていたのよね？つまり、今、あなたたちは**「推測」**をしようとしていた。

ノーノ　すいそく？

溝　口　そう。ある事実を基に、その事実を説明する〝仮説〟を提案するのが**「推測」**。だから、**「推測」は絶対に確実ということはないわ。**外れる可能性がある。だけど、外れる可能性があるからといってダメなわけではないわ。

圭　次　でも外れちゃったらダメじゃない？

溝　口　だから、**「より強い証拠」を求めて推測が外れる可能性を小さくしていくの。**

マリア　証拠に強いとか弱いとかあるんだ？

溝　口　推測に一〇〇パーセント確実を求めてはいけない。より強い証拠を見つけて、より確かな推測にするの。

マリア　ん～まだよく分かんないけど、なんかだいじそう！

重要なことほど〝強い証拠〟が必要

溝口先生が言っている「推測の確かさ」とはどういうことでしょうか。具体的に見ていきましょう。

西部の町を訪れたガンマン「またか。これで四人目だ。この町に着いてから見かけた人間は四人ともロープを持っている。きっと次に出くわす人間もロープを持っているだろう」

【証拠】見かけた人間は四人ともロープを持っている
↓
【推測】次に出会う人もロープを持っている

「推測」では、**どのくらい確からしいか、**を問題にすることが大切です。

推測である限り外れる可能性はゼロにはなりませんが、**なるべくゼロに近づけることがポイント**なのです。

マリア　四人だけじゃちょっとあやしいか……。

ノーノ　二十人くらいに会って全員が例外なくロープを持っていたら、この町にはそういう習慣があるんだって結構確かな推測ができそうだよね。

来　緋　そうだとしても、その日だけかもしれない。

圭　次　確かに。その日は何か特別な日で……例えば町の投げ縄大会とか……。だから一年中そうなのかはもっと調べてみなくちゃ分からない。

マリア　そうか。この町の人たちはみんな一年中ロープを持っているっていう推測をより確かなものにするには、**もっと強い証拠が必要**なんだね。

圭　次　絶対確実じゃなくても、より強い証拠を見つけて、より確かな推測にするってこういうことなのか。

もうひとつ、例えばこんなシチュエーションはどうでしょうか。

割れた石膏像《せっこうぞう》の横に野球のボールが落ちています。
石膏像を壊したのは誰でしょう？

【証拠】野球のボールが落ちていた
←
【推測①】野球部が犯人
【推測②】野球部のせいにしようとした人がいた

マリア　野球部犯人説の方が、より確かな推測って感じがするけど。
ノーノ　そうだよね！　野球部が犯人でいいんじゃない？
溝　口　野球部犯人説の方がより確かな推測というのはその通りだけど、だからといって決めつけてはダメ。犯人を捜すといった重要なことに対しては慎重にならなくては。
だからこの場合は**ひとつの証拠だけで決めつけないで、さらに証拠を求める**

ことが必要なの。

マリア　この部屋から出ていった人がいないか目撃者を探すとか。

圭　次　野球部がいつ練習していたのか調べるとか。

来　緋　もし野球部が遠征中だったら……。

圭　次　野球部犯人説は否定される。

ノーノ　もしこの部屋にずっと鍵がかかっていて誰も入れなかったとすると……。

マリア　野球部以外の誰かという説は否定されて、野球部犯人説がより確かな推測になる。

溝　口　そう。新しい証拠によって推測は否定されたり、より確実になったりする。だから推測をするときには、**「どんな証拠に基づいてその推測をしているか」がとてもだいじ**なことになるわけ。

その推測は「どのくらい確か」なのか

それでは、演劇部の台本を思い出してみましょう。ヒネの台詞に「飲みかけのペットボトルが置かれていたのを見たよ」とありました（→44ページ）。

【証拠】飲みかけのペットボトルが置いてある
↓
？【推測】誰か生き残っている

この推測はあまり確かな推測とは言えそうにありませんね。ノーノが言っていた通り、いつ置かれたものか分かりません。その後、圭次が思いついた案についても考えてみましょう。

【証拠】少し前まであった洗濯物がなくなっていた
↓
?【推測】誰か生き残っている

洗濯物がなくなっていただけでは、風で飛ばされたのか、生存者が取り込んだのか分かりません。

しかし、そのときの風の強さや洗濯物の干し方など、どのような状況だったのかが分かれば証拠の強さは変わります。

ここでマリアが新しい案を思いついたようです。

マリア　こんなのはどう?

【証拠】まだ新しいかじりかけのリンゴが落ちていた
↓
【推測】誰か生き残っている

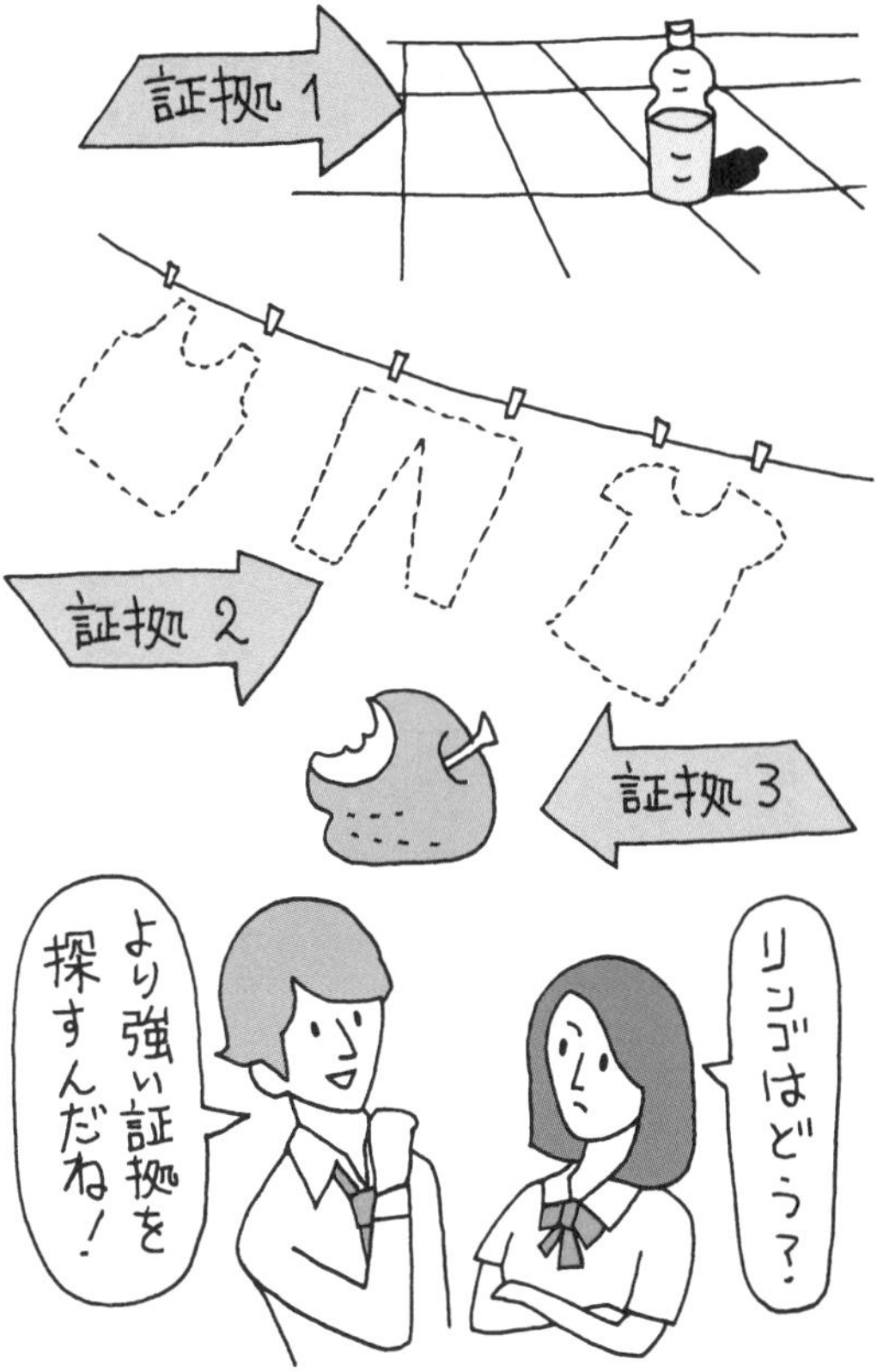
証拠1
証拠2
証拠3
リンゴはどう？
より強い証拠を探すんだね！

来　緋　リンゴなんて犬でもかじれるよ。犬がかじった可能性がゼロじゃない限り、生き残った人はやっぱりいないかもしれない。

マリア　来緋、それ違う！　**推測なんだから絶対確実じゃないのは当然。だいじなのは、どれくらい確かか**ってことだよ。

溝　口　新しいリンゴがかじりかけで落ちていたという証拠に基づいて、誰か生き残っていると推測する。この推測はどのくらい確かなものだと思う？

来　緋　絶対確実じゃないけど、かなり確か。

マリア　そうだよね。これでタネとヒネに希望を与えられるね！

圭　次　かじりかけのリンゴってアダムとイブのイメージにつながるから今後の展開的にもいいかもしれないな。

マリア　アダムとイブのリンゴだとすると、それが暗示するものは希望だけじゃないってことになるのかな。

ノーノ　**「証拠の強さ」**とか**「推測の確かさ」**とか、新しい考え方を教わった気がするけど、もしかしてこれも……。

溝　口　そう。これも論理のち・か・ら。

「弱い証拠」も集まると強くなる！

ティードルディ　ねぇねぇアリスちゃん。いいこと教えてあげようか？

アリス　いいことってなあに？　ティードルディ。

ティードルディ　ハンプティダンプティはいつも君のこと見てるよ。きっと君のことが好きなんだ。

アリス　でも、いつも見ているからって私を好きだって考えるのは気が早すぎない？　あまり確かな推測とは言えないわ。

ティードルダム　アリス。ハンプティダンプティが君のためにプレゼントを用意しているよ。きっと君のことが好きなんだ。

アリス　でも、プレゼントをくれるからって、好きだって考えるのは気が早すぎない？　あまり確かな推測とは言えないわ、ティードルダム。

うさぎさんがやってきて言いました。

うさぎさん　ティードルディの証拠だけでは弱すぎる。ティードルダムの証拠だけでも弱すぎる。でも、ふたりの証拠を合わせると……。

ティードルディ&ティードルダム　ふたつ合わせて強い証拠になる。

うさぎさん　その通り。**一つひとつは弱い証拠でも集まると強い証拠になることがある。**

ティードルディ&ティードルダム　ふたり合わせれば強くなる。それは僕たちのことだ～！

ふたりの勢いに吹き飛ばされるアリスとうさぎさん。

アリス&うさぎさん　あ～れ～！！

解説

推測の確かさ

どの程度強い証拠を示せばいいのか？

レッスン1で述べたように、自分の考えを述べるときには、見せかけではなく、適切な根拠を示さなければなりません。レッスン2では推測を取り上げましたが、推測も自分の考えを述べたものです。

例えば、「雨が降るだろう」と言う。これは推測で、まだ自分の考えにすぎません。そして、自分の考えに説得力をもたせるには、「どうしてそう考えるのか」という根拠を述べる必要があります。

推測の場合、根拠は「証拠」とも呼ばれます。

「雨が降るだろう」という推測の証拠としては、例えば「ひつじ雲が出ているからね」のように答えることが考えられます。(「どうしてひつじ雲が出ていると雨が降ると言えるの？」という質問には、「本にそう書いてあったから」とか「今までの経験でそう言えるから」とか「ひつじ雲は上空の空気の状態が乱れている証拠だから」といった答えが考えられるでしょう。)

推測は一〇〇パーセント確実ではありません。「たぶんそうだろう」「きっとそうだろう」ということは言えますが、そうならないかもしれません。ひつじ雲が出ていても雨が降らないこともあります。

そこで、証拠がその推測をどのくらい確からしいものとしてくれるのかを見積もることが重要になります。

推測をかなり確からしいものとしてくれる証拠は「強い証拠」で、多少はその推測を確からしいものとしてはくれるけれども、外れる可能性が大きい、そのような証拠は「弱い証拠」です。

推測は絶対確実ではありませんから、推測に従ってものごとを決めたり行動するときには、外れる可能性も考えに入れておく必要があります。

実際問題として、私たちはそのような不確実性を見込んだ決断をしなければ、何もできないのです。

とはいえ、弱い証拠に基づいた推測に従うと、当てが外れることになりがちです。では、どのくらい強い証拠に基づいた推測なら信頼してよいのでしょう。

まず考えなければならないのは、推測が外れた場合のリスクの大きさです。

例えば競馬で、「素人目にもいい感じの馬だから」というかなり弱い証拠でも、気楽な遊びなら、別にそれでかまわないでしょう。

他方、推測が外れたときに生命の危険が予想されるような場合には、「まず間違いない」と言えるほど強い証拠が求められます。

証拠もなしに出まかせを言うのは論外で、より強い証拠を求める努力をすべきですが、推測でもっとも重要で難しいのが、どの程度強い証拠を示せばオーケーなのかというみ切りのライン設定の問題なのです。

Lesson 3

「だから」に反論する

「インチキな〝だから〟に騙《だま》されない！」〝根拠の関係〟に敏感になる

論理＝ことばとことばの関係

みなさんは、「論理的な人」というと、どういう人を想像しますか？

「論理」とは、**ことばとことばの関係**のこと。ですから、「論理的な人」とは、ことばとことば、文と文の関係をきちんと捉え、使うことができる人のことを言います。

ことばとことばには関係があり、それがつながって文になります。さらに文と文のつながり、段落と段落のつながり、そこに論理展開が生まれるのです。

そして
しかも
だから
む、む、む、美しい!
ことばのつながりが大事なのだ

ですから、ことばとことばの関係を示す接続詞に代表される**「接続表現」**は、ことさら重要となってくるのです。

例えば、次のふたつの文はどう違うか考えてみましょう。

このレストランは美味しい。しかし、高い。

このレストランは美味しい。ただし、高い。

いかがですか？

「しかし」と「ただし」はどちらも逆のことをつなげるときの接続表現です。けれど、受ける印象は大きく変わりますね。

「しかし」でつないだ文のほうは、「高い」ということが強調されていて、美味しいけれど高いから、食べるのはやめようか……という感じです。

一方、「ただし」でつないだ文は、「美味しい」ということの方が強調されていて、美味しいから入ろう、ただし高いから覚悟しておこうねという感じです。

このように、**「接続表現」ひとつで、伝わり方はまったく違ってくる**のです。

この店は美味しい。しかし、高いわ……
すし

この店は美味しい。ただし、高いわ……

他にも、

意見を続けたり加えたりする「そして」
つけ加えて強調する「しかも」
解説を述べる「どういうことかというと」
理由を述べる「なぜなら」「なぜかというと」
結論を言うための「だから」

……接続表現にはさまざまなものがあります。

一朝一夕に使い方をマスターできるようなものではありませんが、まずは**ことばの「つなぎ方」を意識すること、接続表現に注意しながら文章を読むこと。**それだけで論理のちからは大いに上がるのです。

このレッスン3の章では、「A。だから、B」の結論を言うための接続表現**「だから」**に注目して見ていきましょう。そして、**「だから」に反論する**という少し変わった角度から迫ってみます。

劇の台本を担当している圭次が、誰もいない教室でセリフを考えています。どうやら行き詰まっているようです。

その「だから」は適切か？

タネ　みんないなくなれと思っていたら、本当にみんな消えちゃった。
ヒネ　自分のせいでみんないなくなったっていうの？　バカみたい。あぁ、パパとママに会いたいよ〜。
タネ　もうあきらめよう。二カ月も探し回っているけど誰も見つからない。
ヒネ　きっと他にも生存者はいるよ。私たちは生き残ってる。それがヒントだよ。
タネ　そうか。僕たちは双子だから生き残ったんだよ。そうだよきっと。
ヒネ　何それ？
タネ　だって僕たちは双子だろ？
ヒネ　そうだけど……。
タネ　現にこうして生き残ってる。
ヒネ　そうだけど……。

そうだけど……そうだけど……そうだけど……

扉の向こうからのぞいていた演劇部の部員たちが、圭次に声をかけます。

マリア　わっ!!

圭　次　わっ！　びっくりしたー!!

マリア　セリフが行き詰まっているみたいだけど大丈夫？

圭　次　そうなんだよ。タネが言う「双子だから生き残った」っていう意見にヒネは納得がいかなくて反撃したいんだよ。でも、どうやったらいいのか僕自身が分からなくて……。

（そこへ、溝口先生が颯爽と登場）

溝　口　「だから」に反論したいのね？

みんな　溝口先生！

圭　次　「だから」に反論……どういうこと？

溝　口　「双子である」ことが正しくて、「生き残った」も正しい。でも、そのふたつを「だから」でつなげた「双子だから生き残った」が正しいとは限らない。

○　双子である

○　生き残った

×　双子　**だから**　生き残った

マリア　「双子である」も「生き残った」も正しい。でも「だから」が違う。そういうこと？

溝　口　そう。「だから」というつなげ方は間違っている。

「双子である」ことと「生き残った」ことの間に間違った関係を考えてしま

っているの。

圭　次　じゃあ、どうやって……。

溝　口　どうやって反論したらいいか？　考えてみましょう。

つながっているようでつながっていない「だから」

それでは、「だから」に反論するにはどうすればいいか、具体的に考えてみましょう。

例えば、こんなシチュエーションはどうでしょうか。

女1「フランソワはカッコイイ。だから、あなたはフランソワのことが好きなのでしょう？」

女2「違うわ」

女1「フランソワのことをカッコイイとは思わないのかしら？」

女2「カッコイイと思うわ」

女1「では、フランソワのことを好きではないのかしら？」
女2「好きだけど……」

〇フランソワはカッコイイ
×だから
〇あなたはフランソワのことが好きなのでしょう？

溝口 分かったかしら？
圭次 あぁ……なんとなく。
溝口 説明してみなさい。
圭次 「フランソワはカッコイイ」だから「あなたはフランソワのことが好きなのでしょう？」に反論するには、**「カッコイイ」と「好き」が関係していないことを言えばいい**のかな。
ノーノ カッコイイも好きも否定しないいんだけど、別にカッコイイから好きなんじゃないいんだよね。

溝　口　そう。だから「カッコよくても優しくなければ好きじゃない」し、「カッコよくなくても優しければ好き」って言えば反論できる。
さらに、**「A。だから、B」が言えるのであれば、「B。なぜなら、Aであるから」と言える**ということも覚えておくといいわね。

女1「フランソワはカッコイイ。だから、あなたはフランソワのことが好きなのでしょう？」
女2「違うわ」
女1「フランソワのことをカッコイイとは思わないのかしら？」
女2「カッコイイと思うわ」
女1「では、フランソワのことを好きではないのかしら？」
女2「好きよ。しかし、カッコイイからではないの」
女1「どういうことでしょう」
女2「フランソワは優しいから好きなのです。たとえフランソワがあまりカッコよくなくても、今と同じように優しいならば、私はフランソワのことが好きでしょうし、もし今のように優しくないとしたら、いくらカッコよくても好きにはならなかったでしょう」

女1「そうなのね」

「フランソワが好き。
なぜならカッコイイから」
ブッブー
NO!

「フランソワが好き。
なぜなら優しいから」
大丈夫?
ピンポン
YES

圭　次　そっか。あ、でも……台本ではふたりがなぜ生き残ったのか、本当の理由はまだ秘密にしておきたいんだ。

溝　口　本当の理由を言わなくても「だから」に反論することはできるわ。

マリア　「双子」ということと「生き残った」ことが無関係だと言えればいいんでしょ？

溝　口　少なくとも、ふたつの事実の間に、「だから」という関係が成り立っているとは断定できないということを相手に納得させれば反論できるわね。

圭　次　そうやってインチキな「だから」に反論しておいて、本当の「だから」を探し始める。あ。なんかいけそうだ。

それでは、圭次の新しい演劇の台本を見てみましょう。

タ　ネ　みんないなくなれと思っていたら、本当にみんな消えてしまった。

ヒ　ネ　自分のせいでみんなが消えたっていうの？　バカみたい。あぁ、パパとママに会いたいよ〜。

タネ　もうあきらめよう。二カ月も探したけど誰も見つからない。

ヒネ　きっと他にも生存者はいるよ。私たちは生き残ってる。それがヒントだよ。

タネ　そうか。僕たちは双子だから生き残ったんだよ。そうだよきっと。

ヒネ　何それ？

タネ　それなら他にも双子の生存者がいるはずだよ。探してみよう。

ヒネ　また探す気になったのは嬉しいけど、双子っていうのは……。

タネ　なんだよ。ヒネが自分たちがヒントだって言ったから！

ヒネ　そうだけどさぁ。双子でも生き残ってない人もいるかもしれないし、逆に双子じゃなくても生き残っている人がいるかもしれない。それは私たちのことだけを考えていても分からないよ。他の双子や双子じゃない人のことも調べなくちゃ。

タネ　そうか……。そう言えば近所に双子の小学生いたよね。あの子たち見かけない。

（ドアが開いて入ってきたのはひとりの男子高校生）

男子高校生　生存者、僕以外に本当にいたんだな。

タ　ネ　どうやってここが？　君は誰？

男子高校生　僕はアジオ。君たち、ネットの掲示板にここの住所書いただろ。

ヒ　ネ　ずいぶん前にネットに書き込んだやつか……。

タ　ネ　アジオ、君……双子？

アジオ　何それ？　違うよ。

ヒ　ネ　双子だから生き残ったんじゃないってことだ。

タ　ネ　じゃあどうして僕たちは生き残ったんだろう？

圭　次　どうかな？

マリア　いいと思うよ。台本の説得力も増した気がする。

ノーノ　「だから」にちゃんと反論できたからだね。

マリア でも、ダメな「だから」ってさ、言われたらイヤな気分になるときがあるよね。

実際に「反論」してみよう！

君は背が高い。だから、劇の台本を書いている。

このようにふたつの関係ない事実を適当につないだだけの「だから」はすぐにダメだと分かります。背が高いことと劇の台本を書いていることには何の関係もありません。

しかし、本当は無関係なのに一見よさそうに見える「だから」は危険です。

君はアニメばかり見ている。だから、成績が悪い。

このような「だから」には、どのように反論したらよいでしょうか。

来《らい》緋《ひ》　アニメを見なくてもノーノは成績が悪い。

ノーノ　あ。ひどーい。

圭次　今と同じくらいアニメを見続けて、いい成績を取ってやればいいんだよ！

次のような「だから」はどうでしょう。

13日の金曜日。だから、ケガをした。

これが正しいとしたら、13日の金曜日にはみんながケガをしなくてはいけないことになります。

ダメな「だから」の例を次々と挙げた圭次、マリア、ノーノが来緋にも何か言うように促します。

来緋　みんな例文を言った。だから、お前も言うべきだ。

……だけど、みんなが言ったからって、僕が言わなくちゃいけないってことにはならないよ。

圭次　言ってんじゃん。しかもちゃんと「だから」にも反論してるし。

私たちの身の回りには、いい加減な「だから」がたくさんあります。「だから」をちゃんと使えるようになることは大切です。これも、論理のち・か・らなのです。

「だから」の意味

アリス　ねぇねぇ、うさぎさん、「だから」の意味、分かってるつもりでいたけど、考えると分からなくなっちゃった。

うさぎさん　そうだね。例えば……アリスはかわいい。だから、ヤマネはアリスのことが好きだ。

アリス　あらっっ！

うさぎさん　たんなる例文さ。「だから」というのは「なぜ？」という質問に対する答えと言ってもいいかな。

アリス　なぜ、ヤマネさんは私のことを好きなのか……。

うさぎさん　そのいちばん大きな理由は「アリスはかわいいから」。

アリス　うれしい〜〜〜！

うさぎさん　たんなる例文。

アリス　ふぅ……まず、**「なぜ？」の答えとして「だから」があるんだね。**

うさぎさん　そういうこと。

アリス　なぜ、女王はあんなに怒りっぽいのか。

女　王　お前たちがいつも私を怒らせる。だからじゃ〜〜〜〜！！

アリス　うわぁぁぁ！！　私たちが何もしなくたって怒るくせに〜。

解説

「だから」に反論する

AにもBにも賛成、だけど「A。だから、B」には反対ということもある

レッスン3では「だから」に反論するという話題を取り上げています。論理に弱い人にとっては、「だから」に反論することはとても難しいことですし、そもそも「だから」に反論するということがどういうことなのかがよく理解できなかったりするかもしれません。

「A。だから、B」の「だから」に反論するというのは、「A」や「B」に反論するのとは違います。AとBの関係に反論するのです。ほら、「え？　どういうこと？」と思った人、いるでしょう？

例えば、

「すごい行列だ。だから、この店はやめよう」

と言われたとします。そして、実際すごい行列ができているし、あなたもこの店はやめようと思っているとします。だったら反論できないかというとそうではありません。さらに、反論しておかないと困ったことにもなりかねません。

あなたがむしろ行列店に入りたがるようなタイプだとしましょう。でも、その店には食べたいものがないからやめておこうと思ったとします。そのとき、もし「すごい行列だ。だから、この店はやめよう」の「だから」に賛成してしまうと、次の店であなたが入りたいと思った行列店があったとしても、行列ができているという理由でその店も却下ということになってしまいます。

ですから、今の店をやめるにしても、行列が理由じゃないんだ、ただ食べたいものがないから、この店には入らないのだということをはっきりさせておかないと、次の店選びに影響します。

では、どうやって「だから」に反論すればいいのでしょう。

「A。だから、B」に反論するには、

「AであってもBではないかもしれない」

か、あるいは
「AではなくてもBかもしれない」

ということを言う必要があります。

例えば、「花粉が飛んでいる。だから、鼻水が出てしょうがない」の「だから」に反論するには、花粉が飛んでいない建物の中に入っても鼻水が止まらないとか、あるいは、何日かして、花粉は相変わらず飛んでいても鼻水は出なくなったというのであれば、その鼻水は花粉のせいではない（風邪でしょうか）ということになります。


論理は、行列と店に入らないことの関係や花粉と鼻水の関係のように、事柄と事柄の関係に関わります。

論理に弱い人というのは、事柄をばらばらに捉えて、その関係を考えるのが苦手な人なのです。

逆に言えば、「だから」のような、ものごとの関係に注意することによって、論理力を鍛えることができるでしょう。

Lesson 4

因果関係

「クーラーが売れることが、アイスが売れる原因？」因果関係を捉えるには注意が必要

「因果関係」意外な盲点

ある事柄が**原因**で別の事柄をその**結果**として引き起こしたとき、こうした原因－結果の関係を**「因果関係」**と呼びます。

例えば、花粉の飛散が原因で鼻水が出るとか、腐ったものを食べたことが原因でお腹をこわした、などがそうです。

ここでひとつ問題です。

ある「出来事A」が起こると「出来事B」が起こりやすいということが分かったとします。

このふたつの出来事の関係はどんなものが考えられますか？　ひとつだけでなく、いくつか考えてみましょう。

まず、ひとつは**「まったくの偶然」**です。

例えば、「Aさんのことを考えていると、いつもAさんから電話がある」。「これは運命にちがいない」「私たち心が通じ合っているから」などと考えたい人もいるかもしれませんが、ほとんどの場合、偶然といっていいでしょう。

もうひとつは、**「AがBの原因」**である。

例えば、「無謀な運転をしたから、事故が起こった」という場合。「なぜ、事故が起こったのか？」と問われたら、「無謀な運転をしたから」と、Aという原因がBという結果を引き起こしたと答えることができます。

あるいは、**「BがAの原因」**である。

例えば、「警察官の多い町では、犯罪の数が多い」という場合。

これはどうでしょうか。「警察官が多い」から「犯罪の数が多い」のではなく、「犯罪の数が多い」から「警察官が多い」と考えられますね。


そしてもうひとつ、見逃されやすいのが**「AとBの共通原因Cが存在する」**というもの。

例えば「クーラーの販売台数が増えると、アイスクリームの販売量が増える」。クーラーで室温を下げるとアイスクリームを食べたくなるという人はあまりいないでしょうし、アイスクリームを食べてクーラーを買おうと思い立つ人もまずいないでしょう。これは、「クーラーの販売台数が増える」ことと「アイスクリームの販売量が増える」というふたつの出来事に共通する原因、例えば、「平均気温が高い」あるいは「猛暑日が続く」があるのです。


私たちは、「なぜ、このようなことが起こっているのだろう……」と不思議に思い、

「もしかしたらこれが理由かもしれない……」と仮説を立て、その「原因」を突き止めようとします。

しかし、これまで見てきたように、「原因」を考えるときにはさまざまな注意が必要です。もしかしたら、まったくの偶然かもしれませんし、AとBの因果関係が逆かもしれません。

そして、もっとも気をつけたいのは、AとBの「共通原因」が存在するのではないかということです。

「因果関係」を探るときには、思い込みや既成概念にとらわれず広い視野を持つことが大切です。

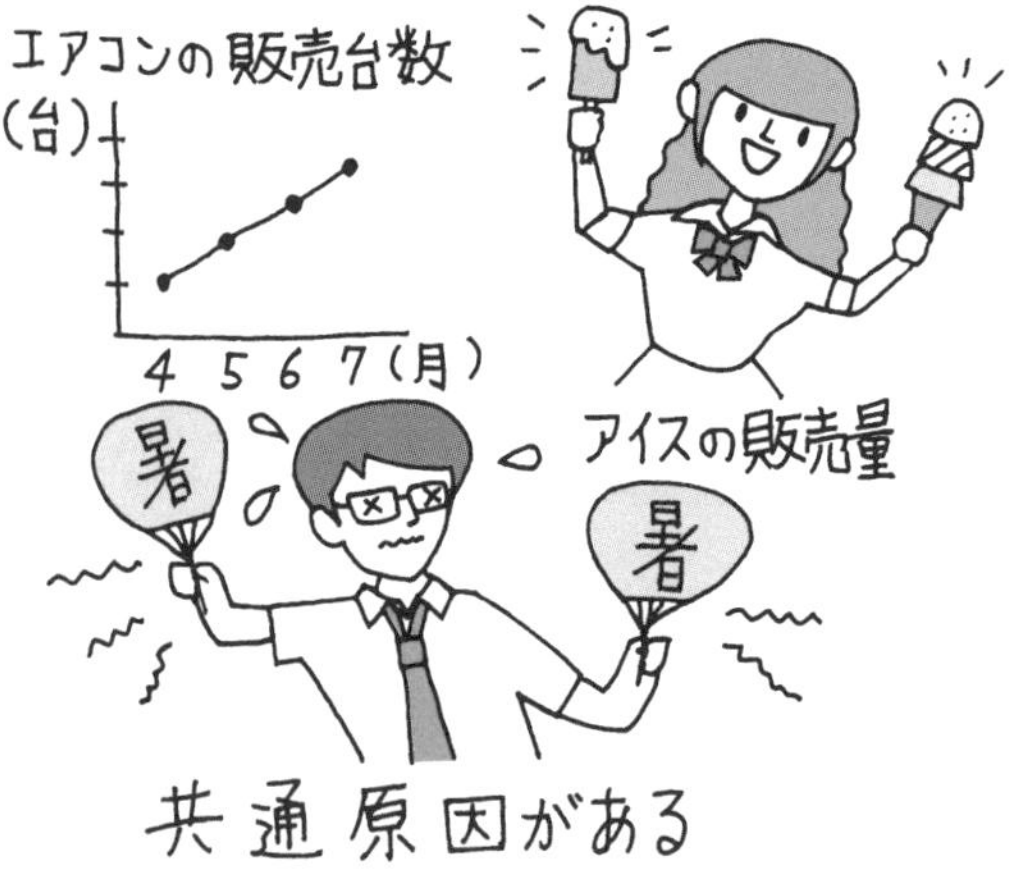

レッスン4ではこの**「因果関係」**について学んでいきましょう。
今日も演劇部が体育館で練習をしています。
アジオの登場で物語も新たな展開を迎えます。早速のぞいてみましょう。

決めつける前にちゃんと調べよう

タネ　この世界から人間が消えてしまった。だけど、僕たちは生き残った。
ヒネ　なぜ私たちだけが……。
アジオ　生き残った原因を考えるのもいいけれど、これからどうやって生きていくのか考えたほうがいい。
タネ　えっ？　どういうこと？
アジオ　電気が止まっただろ。ということは、いずれいろんなものに影響が起き始める。

ヒ　ネ　例えば？

アジオ　水道、ガス、核のゴミだってそうだよ。

ヒ　ネ　そんなぁ！

タ　ネ　これからこの世界はどうなるんだ……。

アジオ　少し、外の空気を吸いに行こう。

（外に出た3人）

ヒ　ネ　夕焼けだ。夕焼けはまだあるんだ。

アジオ　明日は晴れるよ。とにかく僕たちは出会えたんだ。仲間を探しに行こう。

マリア　いいね〜！　夕焼けって明日に希望をつなげる感じ？

圭　次　でしょ！

ノーノ　でも、夕焼けだとどうして次の日が晴れって分かるの？

圭　次　夕焼けが原因で晴れるんじゃないの？

来《らい》緋《ひ》　夕焼けが原因で晴れるって……それ、おかしいでしょ。

圭　次　どうして？　夕焼けの次の日ってだいたい晴れるでしょ。

マリア　そうだけどさぁ……。

（そこへ、溝口先生が颯爽と登場）

溝　口　それは**「因果関係」**の問題ね。因果関係には難しい問題があるの。

みんな　溝口先生！

溝　口　「因果関係」について詳しく説明するわ。

私のあくびは他の人のあくびの「原因」？

「因果関係」とは先ほど述べたように、**「原因」と「結果」の関係のこと**です。

圭次が言った「夕焼けの次の日はたいてい晴れる」、つまり「AのときたいていB」だとしても、そこからすぐに「AがBの原因」と結論づけることはできません。

Aのとき　たいていB
↓
？AがBの原因

具体的に考えてみましょう。

メガネをかけている人には近視が多い
↓

×メガネをかけていることが近視の原因

この場合、「メガネが近視の原因」なのではなく、「近視がメガネをかけることの原因」なのです。

このように、「AのときたいていB」だとしても、AがBの原因ではなく、**「BがAの原因」**ということがあります。

それでは次のシチュエーションはどうでしょうか。

ある人があくびをすると、その場にいたみんながあくびをし始めました。

「あくびはうつる」と言いますが、実際にあくびが伝染するとは考えづらいですね。

このときの状況を考えると、時間は午後一時。お昼ごはんを食べてお腹いっぱいになって少し眠くなる時間帯。気温はうとうとしやすい二七度でした。

つまり、誰かのあくびが他の人のあくびの原因なのではなく、あくびを引き起こす原因が他にあるのです。

このように、「AのときたいていB」のとき、**「AとBの共通の原因C」がある**場合があります。

「スイカの売上げ」と「水の事故」の関係は？

圭次　こんなのどうかな？　スイカがたくさん売れるのと、川や海での水の事故が増えるのは時期的に一緒だよね。だからと言って、スイカが売れることが水の事故の原因だって考えちゃうと……。
来緋　めちゃくちゃだね。
ノーノ　それは何が本当の原因？
圭次　それは、夏になって暑くなったってことでしょ？
マリア　夏になって暑くなった、だからスイカが売れる。そして暑いから川や海で泳いで遊ぶ人が増えて事故も増える。こういうのをちゃんと考えるってだいじだよね。

来　緋　因果関係を間違うと、失敗を関係ない人に押しつけたり、事件や事故に正しく対処できなかったりするから気をつけないとね。

圭　次　メガネを発売禁止にしても、近視の人はいなくならない。

来　緋　誰かに「あくびをするな」と言っても、他人のあくびは止められないし。

ノーノ　スイカを食べなくても、水の事故はなくならない。

溝　口　では、こういうのはどうかしら？　あなたたちの劇に登場する双子のタネとヒネがふたりともおはぎが好きだったとするわね。

ノーノ　おはぎおいしいよね！

来　緋　おはぎ？　ダサッ！

ノーノ　いいじゃん、おはぎ！　これだからイマドキの若者はやぁね～。

来　緋　……。

溝　口　タネとヒネがふたりともおはぎが好きということにどういう「因果関係」が考えられるかしら？

圭　次　「おはぎが好き」の因果関係……。僕もおはぎ好きだけど、ノーノと僕がふたりともおはぎが好きなのは偶然だよね。タネとヒネもたまたまかもしれないし、タネがヒネに影響されたのかもしれないし、逆にヒネがタネに影響されたのかもしれない。決めつけることはできない。

マリア　共通の原因があるかもしれないよ。

ノーノ　あるかなぁ？

マリア　ふたりともおばあちゃんがおはぎをつくっていたとか。だから、おはぎを好きになった。

ノーノ　おばあちゃんが共通原因か！

圭次 なるほどね〜。

演劇部員たちは、「因果関係」に注意して演劇の台本を考え直すことにしました。

圭次 俺、夕焼け好きなんだよね〜。なぜか、次の日もがんばろうって思える。

マリア うん、分かる。……って圭次！「なぜか」じゃないよ！ 夕焼けの次の日に晴れるって、結局何が共通原因なのよ！

圭次 それは……。

来緋 天気は西から変わるからでしょ？

圭次 そうなの？

来緋 西の空が晴れているから夕焼けになり、天気はだいたい西から変わるから、晴天が東に移動してきて翌日は晴れる。

マリア 西の空が晴れてるっていうことが、夕焼けと翌日の晴れの共通原因ってことだね！ 来緋すごいじゃん！

来緋 ネットで調べた。

ノーノ　来緋はなんでもすぐにネットだもんね〜。

圭次　電気がなくなった世界では、ネットも使えなくなる。どんどん大変になっていく。

マリア　そして圭次の台本も大変になっていく。

圭次　大変だけどおもしろいよ。こうやって「因果関係」を考えることもできるようになったし、だんだん考えるちからもついてきてるような気がする。もしかして、これも……。

溝口　そう。これも論理のち・か・ら。

その飲み物を飲んだから体が縮《ちぢ》んだ!?

アリス　この国にきたときに落ちた穴の中で「私をお飲み」と書いてあるビンの中の飲み物を飲んだら体が縮んじゃったけど、あれはその飲み物が原因で体が縮んだっていうことよね？

うさぎさん　それはまだ分からないさ。

アリス　「因果関係」があるってどうすれば分かるの？

うさぎさん　いろいろ試してみなくちゃ。別の場所で飲んでみるとか。条件を変えて試してみたり、それを飲まなくても体が縮むことはないか調べたり。因果関係を確かめるには、もっと観察したり実験したりしなくちゃね。

アリス　でも、その飲み物を飲んだら体が縮んだのよ！

うさぎさん　それだけで因果関係を決めつけちゃだめさ。もっと試してみるのさ。

アリス　そっかぁ……。
うさぎさん　それでね。
アリス　なに？
うさぎさん　（「私をお飲み」と書いてあるビンを取り出して）ほら。
アリス　え～～～～～っ！！
うさぎさん　試してごらん？
アリス　いえ、もう十分頂戴しましたので、結構ですわ！
うさぎさん　そんなこと言わずに、ほら。
アリス　いや～～～～～～っ！！！

解説

因果関係

「相関関係」と「因果関係」は違う

因果関係を確かめるのは、実はけっこうたいへんです。

たわいもない例を挙げますと、例えば朝食に納豆を食べたら商談が成立した（粘り勝ちでしょうか）として、だから商談の前には納豆を食べることにしたという人もいるでしょうが、ふつうに考えれば、納豆を食べたことと商談の成立の間には因果関係はないでしょう。何回も、条件を変えて確かめてみる必要があります。納豆を食べた場合と食べなかった場合で、商談の成立・不成立に違いがあるかどうかを確かめるわけです。納豆を食べても食べなくても成功率に違いがないようでしたら、そこには因果関係はないということです。

しかし、もし納豆を食べた方が成功率がよかったらどうでしょうか。いや、もう納豆の事例から離れましょう。いわゆる「ゲンかつぎ」は本当に心理的効果があったりしますから、傍からとやかく言うのも野暮というものです。

一般に、Aというタイプの事実とBというタイプの事実の間に、「Aが成り立つ場合の方がAが成り立たなかった場合よりも、Bが起こりやすい」という関係が言えるとき、AとBの間に「正の相関がある」と言い、逆に、「Aが成り立つとBが起こりにくい」ときは「負の相関がある」と言います。

相関があるかどうかは一回だけでは分からないので、Aが成り立つ場合と成り立たない場合にBが起こるかどうかを、何回もチェックしなければなりません。

さて、何回もチェックした結果、AとBの間に正の相関があったとします。じゃあ、AはBの原因なんだな、そう思いますか？　甘い。AとBに相関関係があるのはAがBの原因のときだけではなく、いろんなパターンがあります。Bの方がAの原因なのかもしれません。そして、とくに気をつけなければいけないのは、AとBをともに引き起こしている共通原因がある場合です。レッスン4でも「あくびがうつる」という事例や「スイカの売り上げと水難事故の件数」といった事例を挙げておきました。

因果関係は、多くの事例を観察して、ときに実験も行なった上で、科学的に捉えなければなりません。

私たち素人としては、まずは相関関係と因果関係の違いを理解し、共通原因の可能性にも注意を払って、早とちりで間違った因果関係を決めつけてしまわないように気をつけましょう。

Lesson 5

ニセモノの説得力

「そんなの常識だろう!」〝決めつける言い方をする人〟にも上手に切り返す!

声がでかければ「説得力がある」というものではない

なにかと無理を押しつけてくる取引先、大声で頭ごなしに自分の意見を押し通そうとする上司や親や先生……。「そんな無茶な」と思っても、なかなかとっさには言い返せないものです。そして後から思い出して、「なぜあのとき、何も言い返せなかったんだろう」と思い、自分を責めてしまう人もいるかもしれません。

レッスン5では、**「ニセモノの説得力」**と、それに反論する方法について見てみましょう。

今日も演劇部が体育館で練習をしています。台本のセリフについて、何やらもめているようです。何が起きたのでしょう。

「ホンモノの説得力」と「ニセモノの説得力」

（ヒネとアジオは食料や衣装をリュックに詰めて旅支度をしています。一方、タネはベッドに座ったまま）

ヒネ　あれ？　タネ、なんで支度しないの？　今日は仲間を探しに旅立つ日だよ。

タネ　気乗りしないんだ。

ヒネ　何が気に入らないの？

アジオ　何をぐずぐず悩んでるんだ。行動しなくちゃ何も始まらない。あたりまえのことじゃないか。分からないかな。

（何も言い返さないタネ）

アジオ　当然、今すぐ仲間を探しに行くべきだよ。なんでこんな簡単なことが分からないんだ。ぼくは行く。ついておいでよ。

タネ　勝手に行けばいいじゃん！

圭次　（＝アジオ）　え？　ちょっと待って！　そんなキレるセリフあったっけ？

来《ら》緋《ひ》　（＝タネ）　むかつくんだもん、そんな言われ方。

マリア　来緋、なに、役と現実を混同してるの？　これはセリフだよ！

来緋　だってアジオ、やなヤツすぎだよ。

圭次　え？　そうかなぁ。アジオはリーダー的な存在になっていくんだから、これくらいみんなを強く引っ張っていった方がいいと思うけど……。

来　緋　リーダーっていうか、オレ様って感じ。

ノーノ　私もこういう人苦手。

マリア　リーダーシップを描きたいなら、これは失敗だね。リーダーシップと偉そうなだけっていうのは全然違うもん。

圭　次　失敗って、じゃあどうすればいいの？

（そこへ、溝口先生が颯爽と登場）

溝　口　見せかけだけではない、**「本当の説得力」**をもたせることよ。

みんな　溝口先生！

溝　口　偉そうな態度で上から頭ごなしに決めつけられる。そんなことは世の中でもよくあるわね。でもそんな「ニセモノ

の説得力」に騙されてはだめ。どうすればいいのか？　考えてみましょう。

「本当かな？」相手の言い方がきついときこそ冷静に

溝口先生が言う「ニセモノの説得力」の具体例と、そういったとき、どう言い返せばいいかを、演劇部のみんなといっしょに見ていきましょう。

教師「大学を出ていい会社に入る。そんなの常識でしょう？　常識も分からないのか！」

溝口　これはどう？　ノーノ、抵抗できる？

ノーノ　うう、抵抗したいけど、でも、先生にそんなふうに言われると、そんな気になっちゃうし。

溝口　相手の言い方や態度に騙されないで、内容を冷静に考えなさい。大学を出ていい会社に入る。これは本当に常識かしら？

ノーノ　えっと、えっと、あのですね、大学を出ていい会社に入るのがいいと考える人もいるけど〜、**考え方や生き方は人それぞれで、別に「常識」というわけではない**と思います〜！

CAREER WOMAN
大学を出ていい会社に入るのが「常識」
考え方は人それぞれ「常識」という訳ではない

溝口　ちょっと弱気だったけれど、高圧的な態度に屈しないで、踏ん張りを見せたわね。

圭次　それに、**たとえそれが常識だったとしても、常識に従って生きるかどうかは、個人個人の問題**だよね。

溝口　じゃあ、次は圭次。こんな風に言われたらどうする？

教師「どうして誰とでも友だちにならないの！　誰とでも友だちになるのは人間関係の基本中の基本でしょ！　基本も分からないんじゃまるでお話にならない！」

圭次　うう……僕こう見えて人見知りだし……。

ノーノ　圭次！　内容を冷静に考えてみて！

圭次　**そんなの別に基本じゃないよ。別に誰とでも友だちにならなくったって……。**

ノーノ　誰とでも友だちにならなくちゃいけないって決めつけられると、そうかなって思っちゃうけど……。

マリア 私はわりと誰とでも友だちになるけど、でも、それも人によるよね。少数の友だちをだいじにしたいという考え方の人もいるし。

圭次 別に絶対友だちがいなくちゃいけないってわけでもないし。それを「基本中の基本」とか「基本も分からないんじゃお話にならない」とか言われると、自分が全面的に否定されたみたいで、何も言い返せなくなっちゃう……。

あ、そうか、これ僕の書いた台本だ。相手を押さえつけるのは、リーダーシップでもなんでもない。

来緋 特に脅し文句で決めつけるんじゃ、全然だめだと思うよ。

圭次 アジオが嫌なやつになってたってことが、分かったよ。みんなを引っ張って行きながら、でもみんなで考えていかなくちゃいけなかったんだ。

早速、圭次は台本を書き直し、演劇部員たちは新たな台本で練習を再開しました。

ヒネ　あれ？　タネ、なんで支度しないの？　今日は仲間を探しに旅立つ日だよ。

タネ　気乗りしないんだ。

アジオ　どうして？

タネ　やみくもに探し回っても、しょうがないじゃん。

アジオ　たしかにやみくもに探しても疲れるだけだ。でも、ここにいても始まらない。どうすればいいと思う？

タネ　なぜぼくらが生き残ったのか。どうしてもそれが気になるんだ。

アジオ　（しばらく考えて）僕らが生き残った原因が分かれば、どういうところを探せば生き残っている人間がいるのか、絞り込むことができるかもしれない。でも、ここで考えているだけじゃ、原因を知るにも限度がある。そうだよね？

（うなずくヒネとタネ）

アジオ　じゃあ、ある程度原因を考えたら外に探しに行って、探しながら、また原因を考えよう。どうかな？

ヒネ うん。いいと思う。

タネ （うなずきながら）それなら……。

アジオ なぜ僕たちは生き残ったのか。

ヒネ 最初は双子ってことが関係するかと思ったんだけど……。

アジオ 僕は双子じゃない。でも……君たち、年はいくつ？

ヒネとタネ 一六歳。

アジオ やっぱり！ おんなじだ！

ヒネ そうなんだ！ うるう年なんだよね。

タネ しかも二月二九日生まれ。誕生日は四年に一回。

アジオ えっ、ぼくも二月二九日だよ。そうか……。

アジオとタネ　それかもしれない！

マリア　いい感じじゃん！　この方がリーダーって感じ！

ノーノ　「常識だろう！」とか、「基本中の基本だ！」とか、言葉で偉そうに決めつけるのって、インチキ。本当の説得力じゃないよね。

溝口　そんな「ニセモノの説得力」が世の中にはたくさんある。だから、それに負けないで冷静に考えていかなければ、とんでもないことになってしまうわ。

圭次　**相手の言い方や態度に騙されないで内容を冷静に考える。**これって……。

溝口　そう。これも、論理のち・か・ら。

不思議の国のジョーシキ

女　王　赤いタルト以外はつくってはならぬ。それがこの国の常識じゃ！

アリス　そんなぁ、私はブルーベリーを使った青いタルトがいちばん好きなのに！

女　王　その者を処刑せよ！

トントンとハンマーを叩く王様。

王　様　女王の言うことに逆らわない。それがこの国では何よりも基本なんじゃ。

女　王　そんなことも知らぬのか。

アリス　でも、不思議の国の「常識」は、私たちの世界では「非常識」よ！

女　王　赤いタルトをつくるか！　タルトを食べるのをあきらめるかだ！

うさぎさん　いやいや女王様。自分たちにとって「常識」でも、他の人たちにとっては「常識」じゃないこともあるんです。

アリス　うさぎさんの言うとおりだわ！

うさぎさん　だからね、**ときには自分たちのこれまでの「常識」を疑ってみることも必要**なんですよ！

アリス　でもうさぎさん、それもやっぱり……。

うさぎさん　そう、「常識を疑え」、そんなこともちろん、言うまでもなく、常識！

……だ。……あれ？

王様　これにて閉廷！

解説

ニセモノの説得力

相手の圧力に負けずに冷静に反論するために

レッスン5で伝えたいことは、とてもあたりまえのことです。でも、とてもだいじなことで、とても難しいことです。それは何か。——どんなに相手が偉そうに決めつけてきても、屈してはならないときにはしっかりと抵抗すること。

顧客の苦情や、聞き流した方がいい上司の言葉などの場合は別でしょうが、相手に合わせていたらたいへんなことになる場合もあります。でも、相手が大声で自信満々に断定してくると、萎縮しちゃってなかなか抵抗できないという人も多いのではないでしょうか。かく言う私だって、そうです。

そんなとき、たじろがないで、踏ん張りましょう。頭の中で相手の発言をふつうのトーンに、ふつうの声、ふつうの表情、ふつうの態度に、変換します。

つまり、言い方や態度に惑わされずに、あくまでもその発言内容を冷静に検討するのです。状況が許すならば、メモをとるのもいいでしょうし、そして、相手の言ったことを冷静に復唱するというのも効果的です。

チェックポイントは大きく分けてふたつあります。

ひとつはその発言は独断的ではないか。（そういう態度で話す人はたいてい独断的です。）独断的だったら、どうしてそう考えるのか、その根拠を尋ねましょう。

根拠が挙げられたならば、第二のチェックポイントです。その根拠はちゃんと根拠になっているか。（そういう態度で話す人の挙げる根拠はたいていこじつけです。）根拠が弱いと思ったら、さらに説明を求めましょう。

そしてニセモノではない本当の説得力をもった根拠が示されたならば、あなたも納得すべきですし、そうでないならば、堂々と反論すべきです。

頭ごなしに決めつけてくるときの常套句があります。

「常識だろ」「こんなことも分からないのか」「何を習ってきたんだ」「あたりまえでしょう?」「基本中の基本だろ」「話にならないね」「子どもじゃないんだから」「バカじゃないのか」……。

書いていて、だんだん気分が悪くなってきました。

こんなとき、「バカはあんたの方だ」と言ってしまっては、相手と同じになってしまいます。どうすればいいのか、相手や状況にもよりますし、難しい問題です。でも、ニセモノの説得力に屈してはならないときもあります。そしてなにより、あなた自身がそんなニセモノの説得力を振りかざしたりしないように、心がけましょう。

Lesson 6

事実・推測・意見

「駅前にダサい店ができた」自分の「考え」をあたかも「事実」のように話していないか？

それはあなたの考えにすぎないでしょう？

例えば叔母さんがお見合いの話をもってきて、「ステキな人だから絶対気に入るわよ」とか言ったとしたら、「ステキな人かどうかはこっちが決めるわい」と思ったりしませんか。それは叔母さん、あなたの考えにすぎないでしょう？

あるいは、パーティーの準備を仕切っている人が「酒はやっぱり日本酒が一番うまいから、日本酒だけ用意しとけばいいな」と言い出したとしたら、「それはあんたが日本酒好きなだけでしょう」とつっこまねばなりません。

こうした発言は、**自分の意見をあたかも客観的な事実であるかのように述べてしまった**ものです。

同様の例として、**推測にすぎないのに事実のように断定する**という場合もあります。これも、唯々諾々と受け入れてはたいへんなことになりかねません。

例えば、裁判官があまり根拠のない推測にすぎないのに、「この男が犯人だ」などと決めつけたら、まずいでしょう。あるいは、「この株は上がりますよ」とか自信満々に断定されて、その気になって泣きを見るといったこともあるでしょう。

自分の主観的な意見にすぎないことや、あまり根拠のない推測にすぎないことを、あたかも客観的な事実であるかのように押しつけてくる相手に対しては、きちんと応対しないと、変な人とお見合いしたり、飲みたくない酒を飲まされたり、犯人にされたり、株で大損したりしかねません。鵜呑みにしないで、本当にその人の言うことが正しいのかどうか、きちんとチェックすることが必要です。

レッスン6では、この「事実・推測・意見」について学んでいきましょう。

今日も演劇部が体育館のステージで練習をしています。台本も進み、物語が動きだしたようですよ。

タネ　ある日、この世界から突然人間がいなくなった。
ヒネ　だけど、私たちはなぜか生き残った。
アジオ　生き残った僕たちは、三人とも二〇××年の二月二九日生まれ。それが生き残ったことに関係している。
タネ　だから僕らは探す。誕生日が同じ人間を。
ヒネ　だから私たちは探す。一六歳が行きそうな場所を。
アジオ　渋谷。
ヒネ　原宿。
タネ　新宿。
アジオ　手分けして探して、あとで原宿で落ち合おう。

（街の一角に集まる三人）

アジオ　どうだった？

タネ　新宿には誰もいなかった。あのイヤなうるさいカラスはきれいにいなくなっていて、それは逆にいい感じだったけど。でも、ネコはいたんだ。お腹をすかせたかわいいネコが寄ってきたから、食べ物を分けてあげたんだ。

（拍手をするマリア）

マリア　ネコにエサ（笑）　タネ、いいとこあるんだね！　話の流れはこれでいいんじゃない？

圭次　でしょ。タネの意外な一面も見せられるし、物語も動き出したし。

溝口　それはそうね。だけど、セリフの中に**「事実」と「考え」がゴチャゴチャに入っている**わね。冷静に考えを進めたいときには、それは危険だわ。

圭次　どこがですか……。

溝口　どこだと思う？

マリア　事実と考えが入り混じっている……。あ、ひょっとして、アジオのセリフ「生き残った僕たちは、三人とも二〇××年の二月二九日生まれ。それが生き残ったことに関係している」ってところ？

来緋《らいひ》　あと、タネが「新宿には誰もいなかった」って報告するセリフも、少し違和感があった……。

圭次　うそぉ……。

溝口　論理的に話し合うためには、**「事実」を述べているのか、「自分の考え」を述べているのかをはっきり区別しなければいけないわ。**

ノーノ　事実か、自分の考えか？

溝口　そう。そして自分の考えには、「推測」と「意見」がある。

◎事実

◎自分の考え ┬ 推測
　　　　　　└ 意見

ノーノ　事実か、推測か、意見か……。

溝口　もっと詳しく説明するわ。

「ずいぶん断定的に言うんだね」

溝口先生が言っている、「事実」「推測」「意見」はどう違うのでしょうか。具体例を見てみましょう。

男「駅前にダサい店ができた。あれじゃあ、客は入らないね」
女「ずいぶん断定的に言うんだね」
男「当然だよ。客観的事実さ」

もちろんこれは客観的事実ではありません。
すでに述べたように、「事実」というのは、その正しさが客観的にすでに確かなこと。
それに対して、「推測」はまだ不確かで事実とは言えないこと。
そして、「意見」はものごとの良し悪しやどうすべきかに関わる判断を言います。

推測と意見は、個人の「考え」ということですね。

先ほどのセリフを、「事実、推測、意見」に区別してみましょう。

「駅前にダサい店ができた。あれじゃあ、客は入らないいね」

- 事実＝駅前に店ができた
- 推測＝客が入らない
- 意見＝ダサい

つまり、「駅前にダサい店ができた」というセリフの中には事実と意見が混ざっていたということです。

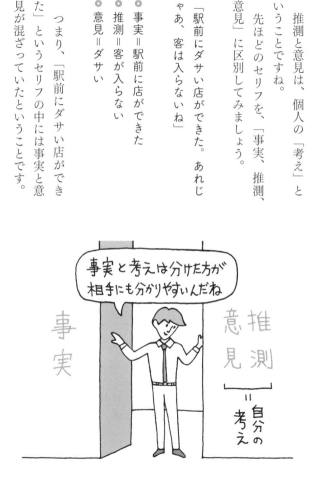

事実と考えは分けた方が
相手にも分かりやすいんだね

あなたの成績が悪いのは……

もうひとつ、例えばこんな会話はどうでしょうか。

母「あなたの成績が悪いのは、演劇なんていう非常識なものに夢中だからよ！」
娘「そんなこと……ないよ」
母「そんなことないことないでしょ！　あなたの成績が悪いのは事実じゃない！」

それでは、セリフを「事実」「推測」「意見」で区別してみましょう。

「成績が悪いのは演劇なんて非常識なものに夢中だからよ！」

◎事実＝成績が悪い／演劇に夢中
◎推測＝成績が悪いのは、演劇に夢中だから

◎意見＝演劇が非常識

「成績が悪い」と「演劇に夢中」は事実ですが、そのふたつのあいだに因果関係があるというのは「推測」です。

繰り返しますが、「事実」は客観的で確かなことです。一方、「考え」はまだ不確かな「推測」だったり、その人の「意見」であり、人によって違うことがあります。ですから、**事実と考えを区別し、さらに何を考えて話し合っていくべきか、ハッキリさせることが必要です。**それでは、演劇の台本を思い出してみましょう。

二〇××年の二月二九日生まれだから生き残った。

これは「推測」です。

生き残ったのは、僕たちが二〇××年の二月二九日生まれということに関係しているのではないか。これがぼくたちの仮説だ。

このようにすると「事実」と「考え」が区別されていいでしょう。
タネのセリフについても考えてみましょう。

新宿には誰もいなかった。あのイヤなうるさいカラスはきれいにいなくなっていて、それは逆にいい感じだったけど。でも、ネコはいたんだ。お腹をすかせたかわいいネコが寄ってきたから、食べ物を分けてあげたんだ。

◎事実＝新宿で生存者を見つけられなかった
◎推測＝新宿には誰もいない
◎意見＝イヤな／うるさい／いい感じ／かわいい

タネが新宿で生存者を見つけられなかったのは「事実」です。しかし、新宿をぜんぶ調べたわけではないので、誰もいないというのは今のところ「推測」にすぎません。
また、「イヤな」「うるさい」「いい感じ」などは自分の意見です。

ですから、

新宿では誰も見かけなかった。もう誰もいないのかもしれない。

このようにすると、事実と推測がはっきりと分かれていていいですね。「かもしれない」という言葉を入れることで「推測」であることがより明確になっています。

もう一カ所、直しましょう。

「ネコがお腹をすかせている」は、タネの「推測」なのに、あたかも「事実」であるかのように語られています。

ネコが寄ってきたから、お昼を分けてあげたんだ。かわいかったし、お腹がすいているように見えたんだ。

このように、「事実」と「推測」の部分を分けるといいですね。

自分の考えを「事実として語る人」には要注意

来　緋　でも、どうしてカラスはいなくなったのに、ネコは生き残ってるの？　変じゃない？

圭　次　変じゃないんだ。実はそれは、この物語を読み解く鍵なんだよ。

ノーノ　なんか、それ面白い！　新たな謎が現われてこれから楽しみ！

圭　次　だけど、「事実」と「推測」と「意見」って、今まであまり区別していなかったかも。

マリア　自分の考えにすぎないのに、まるで客観的で確かな事実のようにして押しつけてくる人っているよね。

ノーノ　いるいる！

溝　口　**事実を述べているふりをして自分の考えを押しつけてきたり、事実の中にさりげなく自分の考えを忍び込ませたりするのは世間の常套手段。**騙されてはいけないわ。それを見破るのも、論理のち・か・ら。

事実と根拠

アリス　ねえうさぎさん、なんで自分の考えをまるで「事実」のように言う人がいるのかしら。

うさぎさん　そりゃあ、あれだよ。

アリス　な〜に？

うさぎさん　**「根拠」を言いたくないから**だろ。

アリス　「根拠」って「推測」や「意見」の根っこだったよね。

うさぎさん　「見せかけの根拠」（16ページ）でやったね。

アリス　そうだ！　なんでそう考えるのか、しっかりとした「根拠」を言わなくちゃいけないんだった！

うさぎさん　そういうこと。でも、**「事実」なら、これは「事実」であーる、でおし**

まいにできるからね。

アリス　ずるいわね。

突然チェシャ猫が現われました。

チェシャ猫　ずるくなんかないぞ。

アリス　あ、チェシャ猫。

チェシャ猫　不思議の国では考えたことが事実になるんだ。だから「考え」と「事実」はおんなじなのさ。

アリス　そんなのデタラメだよ！　ありえない！

うさぎさん　あっ！　アリス、逃げよう。

アリス　どうしたの？

うさぎさん　チェシャ猫がぼくたちを頭からがりがりかじるって考えちゃったんだよ。

アリス　それは事実になっちゃ、いや～！！

解説

事実・推測・意見

人によって考えが違うときは……

まず「事実」と「考え」を区別することが必要です。

「事実」は、その正しさがすでに確定している事柄で、「考え」は、正しいかどうかが確定していない事柄です。

ですから、自分の考えにすぎないのに、あたかも事実のように述べて、もうそれが正しいことは決まっているかのようにみなしてしまわないようにしなければいけません。

また、ときには自分の考えをわざと事実のようにして語り、正しいものとして押し通そうとする人もいますが、そんなインチキな発言に騙されないようにしましょう。

「考え」はさらに「推測」と「意見」に区別されます。

「推測」は、事実だと考えているけれど、まだ不確かなことです。

「意見」は——「意見」とは何かをひとことで言うのは難しいのですが——、「ある事柄に対して「良し悪し」を評価したり、「どうすべきか」を述べたり、賛成・反対の態度を表明したりするもの」と言えるでしょう。

人によって考えが違うときは、どうすればいいのでしょう。

推測の場合と意見の場合とで、対処の仕方も異なってきます。

人によって異なった推測をする場合——例えば、私が「花子はぼくのことが好きなのだと思う」と言い、あなたが「いや、花子は君のことなんかなんとも思っていなくて、ぼくのことが好きなんだと思う」と互いにうぬぼれたことを言ったとしましょう。

この場合、これらの推測が正しいかどうかは、もっと証拠を集めることによってよりはっきりしてきます。

花子に直接聞いてみるのもいいかもしれません。その結果、二人とも間違っていたということも、ありそうな話です。あるいは証拠不十分で藪の中ということもあります。いずれにせよ、推測の場合、やるべきことは証拠集めです。

人によって意見が異なる場合は、どうしてそう考えるのか、根拠を尋ねます。そしてその根拠に説得力があるかどうかを検討します。しかし、推測の場合と違って、意見が分かれたときには、必ずしも唯一の正解があるわけではありません。

例えば、すべての飲食店を完全禁煙にすることについて、賛成と反対で意見が分かれたとします。

何が正解なのか、そもそも正解と呼べるものなどあるのかどうか、はっきりしません。

だけど、お互いに相手がどうしてそう考えるのかを理解しようとしなければ、いたずらに対立を深めるばかりです。

ときには、お互いの意見のよいところを取り入れて新たな考えに到達することもあるでしょう。その希望をもって、話し合わなければいけません。

え、「疲れる」って？　そりゃ、あなた、疲れますとも。

Lesson 7

問題を整理する

「今どんな問いに基づいて話しているの?」考えるスタートは「問いの発見」!

考えるちから=「問う」ちから

問題が与えられ、「答え」を探す。私たちは、このように、ひとつの正解に向かうための思考法を学校で習ってきました(もちろんそれは重要です)。

しかし、本当の「考えるちから」の核心は、答えを探すことではありません。実は、**「問い」を探すこと**にあります。

そもそも、テスト問題と違って、日常に起こるさまざまな問題には明確な「問い」

がありません。複雑に絡み合っていたり、「生きるとは何か」のようにすぐには答えられない大きな「問い」もあります。

それらの問題を解くために有効な「問い」を探し、整理すること。大きい問いに関しては、小さな問いに分解していくこと。そして、すべてを同時に考えることはできませんので、「優先順位」を決めてひとつひとつ答えを探していくことが重要です。

このように、考えることのスタートは、「問いの発見」なのです。

この章では、「問題を整理すること」について学んでいきましょう。

圭次が台本を書けなくて困っています。

次の展開に悩んでいるようです。

なぜ、その「話し合い」は前に進まないのか？

圭次 新しい仲間が登場するのは決まってるんだけど、どうやってその仲間を見つけるか……。

来《らい》緋《ひ》　ただ歩き回って仲間を探すだけじゃつまんないよ。
マリア　っていうかさ、私はやっぱりなんで彼らが生き残ったのか、原因が気になる。
ノーノ　ネコはいたんだから、人間以外にも生き残ってる生き物はいるってことだよね？
来緋　っていうかさ、食糧やばくない？
圭次　歩き回って探す以外、仲間を探すいい方法あるかな。
マリア　わたし、おいしいお店は歩き回って探すけどね。
ノーノ　偶然いい店見つけると嬉しいよね〜！
圭次　だから、台本のこと考えてよ！
来緋　だからさ、食糧どうなってるの？
圭次　スーパーに缶詰とかあるんじゃない？
来緋　缶詰なんて死ぬまでもつわけじゃないし……。
ノーノ　畑つくろうか！
マリア　ノーノはさ、なんであの三人が生き残ってたって思うの？
来緋　っていうかさ、圭次はどうやって仲間を探せばいいと思ってるわけ？

圭次　だから、それを考えようとしてるんじゃないか！　話が全然進まないよ……。

（そこへ、溝口先生が颯爽と登場）

溝口　圭次、台本はできたのかしら？

みんな　溝口先生！

圭次　すみません。まだなので、今みんなと議論していたのですが……。

溝口　でも全然話が進まなかった。

圭次　はい。

溝口　どうしてきちんとした議論にならなかったのか、議論を前に進めるためにはどうしたらいいのか検証してみましょう。

問題をひとつずつ解決していこう

溝口　あなたたち、先ほどの議論の中で、一度にいくつの「問題」を考えようとしていたか、分かるかしら？

圭次　僕としては台本のことだけ。つまり、ひとつなのですが。

溝口　**ひとつの問題に見えても、そこに複数の問題が含まれていることがあるの。**それをきちんと区別しないで一度に話し合おうとしてもうまくはいかないわ。

ノーノ　どうすればいいの？

溝口　**問題を分けて整理すること、そして順番に考えていくことがだいじ。**さっき一度に考えようとしていたことは、いくつかの問題に分けられるはず。

マリア　私は、「生き残った原因」を問題にしたね。

来緋　僕は、「食糧のこと」を問題にした。

圭次　僕が問題にしたかったのは、「仲間を探す方法」。

ノーノ　そっか。三つの問題をいっぺんに話してたんだ。

生き残った原因
食糧のこと
仲間を探す方法
「問題はなにか」整理する。
あたりまえのことだけど
とても大切なことよ

マリア　じゃあ、それぞれ片づけていこう。まずは「仲間を探す方法」、この問題に集中しよう！

圭　次　来緋が言うようにただ歩いていて偶然出会うんじゃ、ストーリーとして弱い気がする。

ノーノ　メッセージをくくりつけた風船を飛ばしてみるとか。

圭　次　ロマンチックだけど……。

マリア　でも、こっちからメッセージを発信した方がいいよね。向こうもきっと誰か探しているはずだから。

ノーノ　でも、もう携帯電話も使えないんでしょ？

圭　次　電気が通じてないから。

来　緋　……そうだ。旗《はた》をあげるのは？　こっちが生き残ってるぞって知らせるために「生きてるぞ」って書いた旗。

圭　次　来緋にしては熱い感じでなんかいいね！

マリア　今までと発想が切り替わった感じがしていい！

圭次 よしっ。問題ひとつ解決。
ノーノ 前進したね！
マリア この調子で残りの問題もひとつずつ考えて、いい台本にしよう！

書き上がった台本でメンバーは練習を始めました。

タネ これ以上探しても無駄だよ。やっぱり誰もいないよ。
アジオ もっと探せばきっと生存者は見つかるよ。
ヒネ なんで私たちが生き残ったのか、原因を考えようよ。
タネ 食糧はどうするのさ？
アジオ 缶詰があるだろ。
タネ 死ぬまでもつってわけじゃないし……。
ヒネ アイス食べたい……。
アジオ ちょっと待ってよ！ 今考えなくちゃいけない問題はいくつもある。でも、

ヒネ　次に何をしなくちゃいけないか問題を整理して考えようよ。
タネ　分かった。アイス撤回。
ヒネ　食糧はだいじな問題だよ。
アジオ　生き残った原因も。
ヒネ　それから、仲間をどうやって探すか。
アジオ　問題は三つ。
ヒネ　今考えなくちゃいけないのは「仲間を探す方法」だと思う。食糧はまだしばらくは大丈夫。生き残った原因は僕だって知りたい。でも、僕たちと違ってひとりぼっちで生きる希望を失っている仲間がいるかもしれない。
タネ　ひとりかぁ。孤独……つらいだろうなぁ。
ヒネ　旗……。
タネ　旗？
ヒネ　うん。向こうだって誰かを探してる。だから旗をあげて、僕らが生きてるってことを示すんだ。
タネ　いいかも！

アジオ　さっそくやろう！

（旗をかかげた後、人の足音が近づいてくる）

ヒネ　あっ……誰か生きてる！

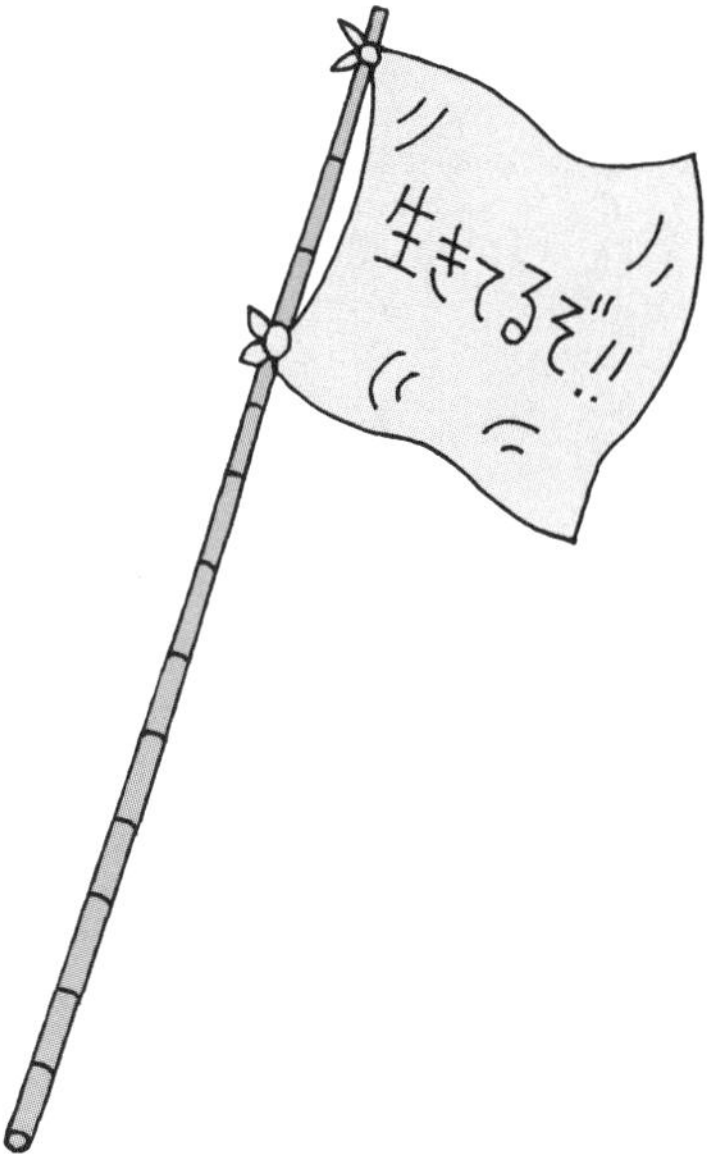

マリア　いい感じ！　問題を整理するっていうのも、さっそく取り入れたんだね！

圭　次　うん。

ノーノ　混乱から立ち直った！　みたいな感じ。

来　緋　でも、演劇部の話し合いもよくゴチャゴチャになってるよね。

マリア　そうそう。いっぺんにいろんなこと問題にして、何が問題なのか分からなくなってるよね。

圭　次　**問題を整理してひとつずつ議論する。そうやって考えていかないと、なかなか前に進めない。**もしかして、これも……？

溝　口　そう。それも、論理のち・か・ら。

不思議の国の問題

うさぎさん　お〜い、アリスちゃ〜ん。お〜い！　……あっ。こんなところにいた。どうしたんだい？

アリス　私、いったいどうしたら幸せになれるのかしら？

うさぎさん　それは何を幸せと考えるかによるね。

アリス　どういうこと？

うさぎさん　「どうすれば幸せになれるか」を考える前に、「幸せとは何か？」を考えるべきだね。

アリス　うさぎさん、それ難しい問題ね。

うさぎさん　そうだね。人生の問題はテストとは違う。テストは何が問題なのかハッキリしているけど、人生の問題は問題そのものがハッキリしていないから、まず何が問題なのかを考えなくてはいけないいんだ。

アリス　不思議の国なんてさ、存在自体が絶対おかしいんだけど、何が問題なのかが
ハッキリしないよね。

帽子屋　不思議の国に問題なんかないぞ！

ハンプティダンプティ　問題なんかない！

ティードルディ　ないったらない！

ティードルダム　これでいい〜！

チェシャ猫　これでいいんだ！

女　王　問題なんて絶対ない！

アリス　そんなぁ……問題あると思うんだけどなぁ！

解説

問題を整理する

問題を分析する力を鍛えよう

テストでいい点をとっていたからといって、仕事や人生の達人になれるわけではありません。(これは、「テストでいい点をとっていなければ、仕事や人生の達人になれる」ということではありませんから、勘違いしないように。)テストに答えるのと、仕事や人生の問題に対処するのとでは、何かが決定的に違っています。

テストは問題が明確に立てられています。他方、仕事や人生の問題はそもそもどういう問題なのかがはっきりしません。そこに、最大の違いがあります。だから、仕事や人生の達人になるには、困ったとき、悩んでいるときに、そこに潜む問題は何なのかを見抜く力が必要なのです。

「考える力」とよく言われます。考える力を鍛えなければいけない、と。でも、与えられた問題に答えるために考えるというのは、考える力の核心ではありません。何が問題なのかを的確に捉え、自分で考えていけるように問題を立て直していく、つまり、「問う力」こそが、考える力のもっとも重要な部分です。

会議でも、話し合うべきことが明確ではなかったり、複数の問題を同時に話し合ったりすると、ごちゃごちゃになって前に進めなくなってしまうでしょう。そんな会議、経験ありませんか?

ひとつの問題を話し合っていると、別の問題が浮かび上がってくる。さらには、割り込んできて別の問題を言い立てる人も出てくる。そうして複数の話題が飛び交って、何を議論しているのだか分からなくなってしまう。そんな経験。

急がば回れ。答えを急がずに、まずは問題を分析して、複数の問題が絡み合っていないか検討してみる。あるいは、ひとつの問題に見えても、より小さな複数の問題に分けられることもあります。

だいじなのは、自分たちで考えられる程度の問題に分解していくことです。そしてそれらの問題の関係を把握して、順序よく議論していきます。

そういう議論の交通整理が得意な人もいれば、下手な人もいます。議長は、自分の意見を強く主張する人よりも、交通整理が得意な人になってもらった方がいいでしょう。

では、どうすれば、問題を分析する力が身につくのでしょうか。とにかく、まずは、問題に解答することだけを求められてきた受験生気分から抜け出すことです。あとは、ほっといても仕事や人生の問題は向こうからやってくるでしょうから、問題の所在を見抜くことがだいじと心得て、「難しいや」と諦めずに、粘り強く問題に立ち向かっていくことです。

その心がまえを持っていれば、経験があなたを育ててくれるでしょう。

Lesson 8

横ならび論法

「みんなそうしているから」〝思考停止を招く呪文〟に流されない

「前例がないからダメだ」……に言い返せますか？

例えば、あなたが何か新しい提案をしたときに、「そんなの前例がないからダメだよ」と十分に検討されずに却下された。

また、会社や学校の先輩に、「新人はみんなやっているから」「そういうもんだから」などと理不尽なことを押しつけられそうになった。

そんな経験ありませんか？

もしくは自分自身が「A社もB社もC社もやってます。我が社もやりましょう」と周囲を説得しようとしたことはないでしょうか。

これらは、**「今まで論法」「横ならび論法」**と呼ばれるものです。

レッスン8ではこのふたつの論法と、それに反論する方法を学んでいきましょう。

学校の休み時間、廊下で一年生の女生徒・南淳《みなみじゅん》と友人が立ち話をしています。その様子を圭次と来《らい》緋《ひ》が見ながら、何やらコソコソ話をしています——。

「これはずっと新人の仕事」も実はインチキ論法!?

圭次　かわいいでしょ？　南淳ちゃん。新キャラのレビ役にぴったりじゃない？

来緋　うん。いいと思うよ。でも声をかけるなんて……。

圭次　演劇部は今まで一年生がスカウト役をしてきたんだ。だからここは来緋がいかなくちゃ！

来緋　えー！

ノーノ　何やってんの？

圭次と来緋　うわっ！

突然現われたノーノにびっくりして叫び声をあげた圭次と来緋に南淳が気づきます。

ノーノ　あ、淳ちゃん！

南淳　野乃ちゃん、久しぶり〜！

圭次　知り合いなの……？
ノーノ　いとこの南淳ちゃんだよ。
圭次　確かにノーノと同じ名字だね……。

「今まで論法」と「横ならび論法」

南淳をレビ役に迎え、演劇部が体育館で練習を始めました。

タネ　（この世界から誰もいなくなったと思っていた。しかし、ヒネと、アジオは生き残っていた。僕はひとりぼっちじゃないという安堵感《あんどかん》と同時に、人間関係のストレスを感じ始めていた。そこへまた新しいメンバーが加わることになった……）
レビ　あなたたちの中で誰がリーダーなの？
タネ　リーダーなんていないよ。

レビ　そんなのおかしい。
アジオ　僕がリーダーになる。いいだろ？　今までもこのグループをリードしてきたのは僕だったからね。
ヒネ　リーダーはいらないと思う。
アジオ　どうして？　どんなグループにだってリーダーはいるだろ！
レビ　私たちのグループのリーダーは私よ。
アジオ　そう。誰かがリーダーになるべきだ。
タネ　いなくていいよ、リーダーなんて！

マリア　ちょっと待って！　ここのところさ、もっとちゃんとアジオに「反論」しようよ！
圭次　だからヒネとタネが反対してるじゃん。
マリア　「反対」じゃない。は・ん・ろ・ん。
ノーノ　私も、ヒネがここでアジオに言い負かされるの、なんかいやだな。

圭　次　でも、反論って、どうすればいいの？

マリア　だからぁ……、それを考えようってわけよ。

ノーノ　でも、ただ相手と対立する主張を述べるだけだと「水かけ論」になってしまうし。「どんなグループにだってリーダーはいるだろ！」と言われたらなんて反論すればいいのか分からないわ。

（そこへ、溝口先生が颯爽と登場）

溝　口　それは**「横ならび論法」**ね。

みんな　溝口先生！

ノーノ　よこならびろんぽー？

溝　口　そう。**「今まで論法」**も含まれていたわ。

ノーノ　え？　え？　今までろんぽー、ですか？

溝　口　そう。そんな「インチキ論法」に対抗するには、こんな感じよ。

「なぜ、そうしなければならないのか？」が突破口

「横ならび論法」も「今まで論法」も聞き慣れない言葉ですが、どういうことでしょう。

こんなシチュエーションを考えてみましょう。

あなた以外の全員がメガネをかけていたとします。そのとき、「みんなメガネをかけている。だから君もメガネをかけるべきだ」と言われたら、どう思いますか？

このように**「みんながそうしているから、あなたもそうしなければいけない」**という論法のことを**「横ならび論法」**といいます。

しかし、**みんなに当てはまる理由が自分には当てはまらない**場合があります。そのときには、みんなと同じにする必要はないですね。

もしあなたの目が悪くないのなら、みんなは目が悪いからメガネをかけているけど自分は目が悪くないからメガネは必要ない、と反論することができます。

それでは次はどうでしょうか。


みんな塾に通っている。だからあなたも塾に通わなければならない。


こういう言い方をされると、説得されそうになりませんか？

しかし、「みんなが行くから」というのは「あなたも行かなければいけない」ということの理由にはなりません。

なぜみんなが塾に行くのか、その理由

を考えて、それが自分にも当てはまるかどうかを考えなくてはいけないのです。

当てはまるなら自分も行けばよいし、当てはまらないなら行かなければいいですね。

同じような論法に**「今まで論法」**があります。

「今までそうだったから、これからもそうしなくちゃいけない」という論法です。

例えば、かつての日本では女性は政治に参加することができませんでした。その時代にこんなふうに言われたとしたらどうでしょう……。

今まで女性は政治に参加してこなかった。
だからこれからも女性は政治に参加すべきではない。

こんな理屈を認めてしまったら、女性は永遠に政治に参加できなくなってしまいます。今までそうだったということが事実だったとしても、これからもそうすべきかどうかはきちんと考えなければいけないのです。

これまで政治に
参加してなかったから
これからもダメ
今までが
おかしかったのよ!!
投票函

「思い込みに気づく」のも論理のちから

ここで冒頭（154ページ）の圭次と来緋の会話を思い出しましょう。

来　緋　声をかけるなんて……。
圭　次　演劇部は今まで一年生がスカウト役をしてきたんだ。だからここは来緋がいかなくちゃ！

ノーノ　そんなことしてたんだ〜！
圭　次　いや、だって僕も先輩にさせられてたからさ。
マリア　でも、部員をスカウトするなら、経験を積んだ上級生の方がよくない？
来　緋　今までがそうだったからって、単純にこれからもそうしなくちゃいけないっていうのは……。
ノーノ　「今まで論法」ですねぇ。

来　緋　じゃあ、「みんながそうしてるんだから」とか「今までそうしてきたんだから」って言われたら、どうすればいいの？

溝　口　その答えはここまでの話で示されていたわ。

マリア　女性の参政権の例だったら、「今までが間違っていた」って反論することになる。

圭　次　塾の例だったら、「みんなが塾に行く理由が自分には当てはまらない」って言えばいい。

みんながたどり着いたように、「横ならび論法」「今まで論法」への基本的な反論パターンは次のふたつです。

（1）「みんなが間違っている」
「今までが間違っていた」
（2）「みんなに当てはまる理由が、自分には当てはまらない」
「今まで成り立っていた理由が、これからは成り立たない」

溝　口　反論することもだいじだけれど、本当にだいじなのは、**「みんなが」とか「今までは」ということで済ませないで、ちゃんと理由を考えること。**その上で、賛成する場合ももちろんあるわ。

「今までは〜」「みんなが〜」とよく口にする人は、今までやってきたことから外れてはいけない、みんなと同じことをしなければならないといった「思い込み」にとらわれている人と言えるかもしれません。

こういう考え方は「前例主義」と呼ばれます。

あなた自身にそういう傾向はありませんか？

残念ながらそういう人は、仕事でも人生においてもできることが限られてしまいます。なぜなら、「前例があること」「みんながやっていること」しかできないからです。

自由な発想で、自由に行動するには、**「前例通り」と片づけておしまいにしてしまうのではなく、きちんと状況を分析し、必要なら相手と議論し、その対応策を考え行動に移す、**つまり論理のちからが重要なのです。

前例を越えてかなきゃ
前には進めないよ！
前例
前例

圭次は、「横ならび論法」や「今まで論法」に注意して台本を書き直しました。

レビ　あなたたちの中で誰がリーダーなの？
タネ　リーダーなんていないよ。
レビ　そんなのおかしい。
アジオ　僕がリーダーになる。いいだろ？　今までこのチームをリードしてきたのは僕だったからね。
ヒネ　リーダーはいらないと思う。
アジオ　どうして？　どんなグループにだってリーダーはいるだろ！
レビ　私たちのグループのリーダーは私よ。
タネ　リーダーがいないグループだってあるよ。
ヒネ　それに、仮に他のグループすべてにリーダーがいたとしても、私たちのこのグループに今リーダーが必要かどうかは別問題だと思う。私たちがどうするかは、私たちで話し合わなくちゃ。

アジオ だけど、今までだって僕がリーダーシップをとってきたつもりだけど？

タ　ネ 今までは今までだよ。問題はこれからどうするかだ。

ヒ　ネ これまでのことは感謝してるよ。アジオがリードしてくれて助かったと思う。だけど、仲間は増えるし、状況も変わる。単純に今までどおりにすべきってことにはならないと思う。

アジオ 分かったよ……。

（軽くにらみあうアジオとタネ）

レ　ビ あれ？　もしかしてあなたたち、仲悪い？

マリア すごい！　ヒネ、かっこよかったね。たんに反対するんじゃなくて、ちゃんと反論してたものね！

ノーノ 「横ならび論法」と「今まで論法」。どっちも世の中に溢れているよね。

圭次　自分でも、「みんながそうだから自分もそうしなくちゃ」とか、思っちゃう。

ノーノ　「横ならび論法」や「今まで論法」って、**相手に考えさせない論法**だって感じがする。気をつけなきゃ。

来緋　流されちゃう、っていう感じ？

溝口　**「みんなが」とか「今までは」ということに流されずにきちんと考える。**これも論理のち・か・ら。

アマノジャク論法

アリス　おはよう！

チェシャ猫　おやすみなさい。

アリス　おはよう！

ドードー鳥　かくなる上は、さようなら！

アリス　おはよう！

帽子屋　（ティーポットを差し出して）おかわりいかが！

アリス　って！　どうしてみんな、普通に「おはよう！」って返してくれないのかなぁ！　もう！

帽子屋　不思議の国では、みんながしていることは、してはいけないのさ。

アリス　え～っ、変なの！

うさぎさん　みんながしているから自分もしなくちゃって思うのは、「横ならび論法」。さっき習っただろ？

ヤマネ　「横ならび論法」。ダサいね。

アリス　でも、それって逆に、たんなるアマノジャクってだけじゃない。ちゃんと考えないという点では、「横ならび論法」と同じだわ。

三月ウサギ　え？　そ、そうかな。

うさぎさん　そうかも……。

アリス　それに、「みんながしていることはしてはいけない」って、その決まりにはみんなが従っているの？

アリス以外の一同　え～っ？？？

解説

横ならび論法

「自分の頭で考える」ということがだいじ

ひとを思考停止にする呪文があります。

「みんながそうしているから」とか「今までそうだったから」といった言葉はその代表格でしょう。

「みんながそうしているから、私もそうする／あなたもそうしなければいけない」

「今までそうだったから、今回もそうする／これからもそうしなければいけない」。

レッスン8ではそれぞれ「横ならび論法」と「今まで論法」と名づけましたが、「論法」とは名ばかりで、たんに考えなくさせるための呪文にすぎません。

もちろん、すべてのことを熟慮していたのでは決定や行動に時間がかかります。だから、場合によっては思考停止をして、ともあれみんなと同じようにしておく、今までのやり方を踏襲する、という判断も必要でしょう。

しかし、だいじな場面でも思考停止してみんなと同じとか今まで通りで済ませていたら、進歩や改善がないばかりか、窮地に陥りかねません。

熟慮する余裕があるならば、横ならび論法や今まで論法でよしとせずに、しっかり検討しなければいけません。

検討すべきポイントはふたつあります。

①みんなの方が間違っているのではないか。あるいは、今までの方が間違っているのではないか。

②みんながそうしている理由が自分には当てはまらないのではないか。あるいは、今まで成り立っていた理由が今回は成り立たないのではないか。

考えた結果、みんなと同じにしたり、今まで通りにした方がよいと結論する場合もあるでしょう。結論ありきの態度ではなく、今、自分はどうすべきなのか、きちんと自分で考えるということがだいじなのです。

社会はますます多様化しています。しかし、少なくとも日本の多くの集団では、相変わらず横ならびや今まで通りに縛りつける圧力が強く存在しているのではないでしょうか。

「多様化」といっても個の尊重ではなく、さまざまな集団があるというにすぎず、ひとつの集団の中ではやはり均質化が求められてしまう。同一の目的のもとに何ごとかを為そうとする集団が均質化を求めるメリットも確かにあります。しかし、均質であることを不動の前提として異質なものを排除するのは、例えばその極端な態度であるヘイトスピーチに見られるように、きわめて危険です。

考えなければいけないときにはきちんと考えられるのでなければいけません。そのためにも、横ならび論法と今まで論法に抵抗する力は絶対必要です。

Lesson 9

ずれた反論

「論点がずれてる！」相手の主張とちゃんと向き合おう

反論の格好はしていても……

ここまで色々な反論の仕方を見てきましたが、そもそも「反論」とはなんでしょうか。156ページでマリアが「反論と反対は違う」と言っていましたがどう違うのでしょうか。みなさん、分かりますか？

「反論」とは、相手が示した意見を検証し、批判した上で、対立する自分の意見を「根拠」とともに述べることです。それに対して、たんに対立する自分の意見を根拠もなしに述べるのが「反対する」ということです。

これまでこの本で学んできたみなさんは、ただたんに反対するのではなく、正しい根拠に基づいて反論することを意識しているでしょう。

しかし、日常生活において、返答に困るような**「ずれた反論」**をしてくる相手は少なくありませんし、もしかすると自分自身もしているかもしれません。

例えば、

後輩「いろいろつらいことが重なって、もう仕事をやめようかと思っています」

先輩「何を言うんだ。働かざる者食うべからず。人は働いてナンボでしょう」

親「子どもひとりで夜に出歩くのは危険だからダメ」

子「お母さんだってこのまえ信号無視していたじゃないか！」

こんなずれたやりとり、ありそうですよね。

最初の例では、仕事がつらいと言っている後輩に対して、そのことにはひと言も触れずに「働かざる者食うべからず」なんて言うのは、的外れです。

そして次の例では、子どもの身の危険を心配しているのに、母親の過去の行動を非難しても、ずれていますね。

レッスン9ではこのような「ずれた反論」について学んでいきましょう。
演劇部の台本がようやく完成したようです。でき上がった台本を圭次がみんなに手渡しています。

議論が噛み合ってない

圭次　いよいよその日が訪れる。
マリア　クライマックス目前だね！
ノーノ　みんながどうなっちゃうのか、ドキドキする！
来《らい》緋《ひ》　早くやってみようよ。
圭次　お、来緋くん、やる気だねぇ！

タネ　二〇△△年二月二八日、事件は起こった。
アジオ　街から緑が消えていた。

レビ　もう植物は育たないってこと？
ヒネ　それ、やばくない？
アジオ　僕たちで畑をつくって、試してみようよ。
タネ　違う……。そうじゃない。
ヒネ　どういうこと？
タネ　どうしてみんながいなくなったのか、早く原因を探らなきゃいけない。だから、畑をつくっている場合じゃない。
ヒネ　またそうやって反対する。去年の家族旅行だって、タネが反対したから結局行けなかったんじゃない！
タネ　でも……。
レビ　食糧はどうするつもりなの？
タネ　まだしばらくは保存食がある。だからまだ畑をつくらなくてもいい。
アジオ　反対してたって前には進めないよ。いくらタネが反対しても、僕たちは作物が育つかどうか試してみるから。

マリア ちょっと待って！ タネを孤立させたいのは分かるんだけど、これはちょっと……。ちゃんと議論が嚙み合ってない、というか……。

圭 次 なんで？ どのあたり？

マリア どのあたりって言われると〜……。

（そこへ、溝口先生が颯爽と登場）

溝 口 論点がずれた反論をしてしまってるわね。

みんな 溝口先生！

溝 口 どこがどうずれてるか、考えてみましょう。

ハムレットの悩み

溝口先生が指摘した「論点がずれた反論」について、シェイクスピアの有名な戯曲『ハムレット』の設定を借りて考えてみましょう。

剣の練習の途中で、椅子に座り込むハムレット。

従　臣「ハムレット様、どうなさいました？」

ハムレット「少し、熱がある」

従　臣「それはいけません」

ハムレット「今日も練習をすべきか、今日は休むべきか……」

従　臣「それで、どうするおつもりで？」

ハムレット「今日は休もうかと思う」

従　臣「何をおっしゃる！　練習はだいじです。どんな天才剣士だって、練習なくして強くなれはしないのです！　さあ、お立ちなさい！」

どうですか？　分かりやすくするためにハムレットの主張と従臣の反論を抜き出してみましょう。

◎主張＝熱があるので練習は休もうと思う
◎反論＝練習はだいじ。どんな天才剣士だって練習なくしては強くはなれない

「練習がだいじ」だということはハムレットも分かっているはずです。その上で「少

し熱があるから一日だけ休もうかな」と言っているのですから、返答として「天才剣士でも練習しなくちゃ強くなれない」はずれているのです。

これはどうでしょうか。

ハムレット「僕は今日、塾に行くべきか、行かざるべきか……部活で疲れたし、やっぱり、塾には行かない！」
オフィーリア「ハムレット様、あなたは間違っています。もうすぐ模擬試験なのですから、塾に行って準備をなさらなくては！」
ハムレット「いやいやオフィーリア、君だってこの前、ヴァイオリンの稽古を休んだじゃないか！」
オフィーリア「そんなぁ……」

いかがでしょうか。こんどは主張に対して反論がなされ、それに対してさらに再反論されています。

◎主張＝疲れているので塾には行かない
◎反論＝もうすぐ模擬試験だから行くべき
◎再反論＝君だってこの間ヴァイオリンの練習を休んだじゃないか

自分が塾を休むことをとがめられると、相手が前にヴァイオリンの稽古を休んだことを持ち出しています。しかし、このふたつにはまったく関係がありませんね。論点がずれてしまっています。

ここで圭次の台本を思い出しましょう。

タ　ネ　どうしてみんながいなくなったのか、早く原因を探らなきゃいけない。だから、畑をつくっている場合じゃない。
ヒ　ネ　またそうやって反対する。去年の家族旅行だって、タネが反対したから結局行けなかったんじゃない！

マリア　今は「作物を育ててみるべきかどうか」が問題なのに、去年の家族旅行のことを持ち出されてもねぇ。

圭次　そうだよね。それに、台本でおかしいの、ここだけじゃないよ。

「論点がずれたこと」に気づく

レビ　食糧はどうするつもりなの？

タネ　まだしばらくは保存食がある。だからまだ畑をつくらなくてもいい。

アジオ　反対してたって前には進めないよ。いくらタネが反対しても、僕たちは作物が育つかどうか試してみるから。

圭次　反対する人に「反対ばかりしても前進しない」って言うのは、論点がずれてるっていうか、論点を無視してるっていうか……。

来　緋　アジオたちだってタネに反対してるのに、タネだけが反対しちゃだめって、ありえない。
マリア　なるほど〜。やっぱり、なんか噛み合ってないと思ったんだよ。
溝　口　でも自分たちでちゃんと気づいたのは偉いわ。
圭　次　へへへ、褒められちゃった。
溝　口　では、台本を直してみなさい。

圭次は論点に注意して台本を書き直しました。

アジオ　街から緑が消えていた。
レ　ビ　もう植物は育たないってこと？
ヒ　ネ　それ、やばくない？
アジオ　僕たちで畑をつくって、試してみようよ。
タ　ネ　違う……。そうじゃない。

ヒネ　どういうこと？

タネ　どうしてみんながいなくなったのか、早く原因を探らなきゃいけない。だから、畑をつくっている場合じゃない。

ヒネ　またそうやって反対する。去年の家族旅行だって、タネが反対したから結局行けなかったんじゃない！

タネ　あのときは悪かったよ。だけど、それと今は別の問題だ。今は僕のわがままで反対しているわけじゃない。

レビ　食糧はどうするつもりなの？

タネ　まだしばらくは保存食がある。今、畑をつくらなくてもいい。

アジオ　それは見通しが甘いよ。僕たちはみんな一から畑づくりを勉強しなくちゃいけない。今日種をまいて明日食べられるようになるわけじゃない。今すぐに始めなきゃ。

ヒネ　一緒にやろうよ。

タネ　……。

レビ　種や肥料は店にあるはずよ。

ヒ　ネ　それに本当に緑がなくなったのか、もっと調べてみなくちゃ。
アジオ　さあ、出かけよう。
（ひとり残されたタネ。そこにネコの声が聞こえてきました）
タ　ネ　確かに仲間が増えた。だけど僕の友だちはこいつだけだ……。みんな、僕のことなんてどうでもいいんだ……。それなら……みんな……いっそのこと……いっそのこと……。

マリア　いいね！　論点のずれた反論から一転、ちゃんとした議論になってたね！
来　緋　タネはみんなからどんどんずれちゃってるけどね。
圭　次　そのずれが最後に大きな感動を生むんだよ。
ノーノ　本当に～？　この流れで感動させられるの～？

でも、圭次が貸してくれる漫画は暗いのばっかりだから、疑わしいもんだ！

来緋 あ、論点のずれた反論。

ノーノ しまった！ 気をつけないと、論点のずれた反論って普通にやっちゃう！

圭次 難しいよね。**相手がずれた反論を言ってきたら、きちんと「論点がずれてる」って指摘できなくちゃダメだし。**

マリア **自分でもずれないようにしなくちゃいけないしね。**溝口先生、これってやっぱり……。

溝口 そう。これも論理のち・か・ら。

ずれた応答

アリス　ねえねえ、うさぎさん。論点がずれるのって、反論のときだけじゃないよね。

うさぎさん　どういうこと？

アリス　この前ね、ニセウミガメさんとこんな会話をしたの。

＊

アリス　ねぇねぇ、ニセウミガメさん。あなたの名前には〝ニセ〟ってついてるからニセモノだってこと？　騙してるってこと？

ニセウミガメ　何を言うんだい。ニセウミガメのスープは、とってもほんとにとっても、おいしいんだよ！

＊

アリス　こんな風に質問に答えるときにも、論点がずれた答えが返ってくることってあるよね。

うさぎさん　たしかに。ときにはわざと論点をずらした答えを返す人もいるからね、たちが悪いよね。

アリス　どうしてわざと論点をずらして答えたりするの？

うさぎさん　実際、答えになってない答えを返す人も、多いよね〜。

アリス　それ、私の質問への答えになってないわ！

うさぎさん　ぎくっ。

アリス　私は、「どうしてわざと答えになってない答えを返す人がいるの？」って聞いてるのよ。ねえ、どうして？

うさぎさん　で、でも、ポイントのずれた質問をする人だっているし……。

アリス　あ、また論点がずれてる！　うさぎさん、わざとずらしてるでしょ！

うさぎさん　え、いや、だから、その、つまりだね……。

解説

ずれた反論

それはもう反論ではない、口論だ

レッスン9では「ずれた反論」を取り上げていますが、まず、「ずれていない反論」とはどういうものか、説明しましょう。

第一に、議論している人たちがお互いに根拠を挙げて意見を述べていなければいけません。根拠なしにただ自分の意見を言いあうだけでは水かけ論になってしまい、いつまでたってもらちがあきません。

そして第二に、相手が根拠を挙げて意見を述べているのですから、その根拠にどの程度説得力があるのかを検討し、説得力がないと判断したら、その点を批判しなければいけません。

相手が挙げた根拠を無視して、ただ自分の意見を言うのでは、たとえ、あなたが根拠を挙げて意見を述べていたとしても、相変わらず水かけ論から抜け出せないままです。そのような、水かけ論に終始してしまう反論は、「ずれた反論」と言えます。

しかし、レッスン9で取り上げているのはかなり大きくずれた反論で、「ずれた反論」というよりも、「そっぽを向いた反論」と言うべきかもしれません。

そっぽを向いた反論に対しては、「それは今の議論に関係ないでしょう」と言ってやればいいのですが、さて、実際問題として、そっぽを向いた反論を（無自覚にであれ意図的にであれ）する人たちは、どうもそれで引き下がってくれない可能性があります。

例えば、相手のまちがいを指摘すると、それを認めずに、逆にこちらが過去に犯したまちがいをあげつらって、「あなたこそ以前……だったじゃないですか」と言い返してくる。そんなふうに言い返されたこと、あるでしょう？

ひどいときには、何か意見を言うと、「あなたみたいな人にそれを言う資格はない」とか言って、「あなたみたいな人」というのがどういう人のことなのかをまくしたて始めて、人格攻撃へと燃え上がっていく。たまらないですよね。

これはもう議論ではなく、口論、つまりはケンカです。論理も何もあったものではありません。なんでもいいから、相手の弱みを突いて激しい言葉と口調で追及してくる。殴りはしないけれど、まちがいなく暴力です。こういうとき、論理の無力を実感します。

どうしたらいいのでしょう。相手を上回るパワーでやり返す。まあ、それも一つの方法でしょうが、泥仕合必至でお互いを傷つけあうだけでしょう。

やはり、毅然として、冷静に、あなたはあくまでも論理的に反論する。その方がましのような気もします。

はい？　私ですか？　私は逃げます。

Lesson 10

異なる意見を尊重する

「〝考えは人それぞれ〟で終わらせない！」理解しようと努力することがいちばん大切

「意見の対立」を「人と人の対立」にしない

ビジネスでもプライベートでも、人と意見がぶつかることはめずらしくありません。

とくに、共同で何かをしようとするとき、意見が分かれたならば、意見を一致させる（合意を形成する）必要がありますが、言うまでもなくそれは容易なことではありません。

多数決という解決方法は——本書で論理を学んだみなさんはとくに——最終手段に

とっておいてほしいところです。

少数意見を数のちからでおさえるのではなく、多様性を尊重しながら言葉を使って歩み寄る努力を忘れないでください。

そのとき最低限必要な心がまえをふたつあげておきましょう。

①意見の対立を人と人との対立にしないこと

誰が言ったかは考えないで、内容そのものを冷静に検討する必要があります。反対に、意見が対立したとき、それを敵、味方で考えてしまうと、相手に勝つことが目的となってしまい、相手の考えが何も聞こえなくなってしまいます。

②他の意見からも学ぼうとすること

意見が対立したとき、「どうせ分かり合えない」とあきらめてはいけません。多くの場合はそれぞれの意見にいいところがあります。それぞれの意見のいい点を学ぶことによって、個人の発想の限界を越えるいい考えが生まれることがあるのです。

さあ、いよいよ最後のレッスンとなりました。

演劇部の台本ももうすぐ完成です。

他人を受け入れるって難しい……

タネ　みんな、僕のことなんてどうでもいいんだ……それなら……いっそのこと……いっそのこと……いなくなればいい。

こうしてこの世界は再び、僕ひとりになった。

意見が合わないんだからしょうがないよ。

意見が違う人とは一緒にやっていけないんだから！


（ひとりぼっちになってしまったタネ。暗闇に仲間たちの姿が浮かぶ）

ヒネ わたしたちは双子。だけど考え方は違う。それでもずっと一緒にやってきた。

タネ 違うんだから、意見が！

アジオ 君が僕を求めたんだ。友だちがほしいって。

タネ でも、ぶつかってばかりだったじゃないか。

レビ それで私たちを求めた。ひとりでは生きていけないタネ。なのに誰とも一緒に生きていけない。

圭次 って、ここまでは書けたんだけどさ、この後をどうしたらいいか……。

マリア ここからがいちばんだいじな最後の場面でしょ？

圭次 タネがひとりになったのは、他人を拒絶したからなんだ。

ノーノ この世界はタネの気持ちでつくられていたんだね。

圭次 うん。だから、タネが受け入れようとしたものだけが残った。

来緋《らいひ》 カラスは拒否したからいなくなった。でもネコは受け入れたから残った。

圭次 だから、この劇のラストは……。

マリア　タネが他人を受け入れて、世界が復活する。

圭　次　でも、どうやって他人を受け入れる方向にもっていくか……。

（そこへ、溝口先生が颯爽と登場）

溝　口　難しいわね。

みんな　溝口先生！

溝　口　ついていらっしゃい。

理解しようとする努力、それを支えるのが論理のちから

溝口先生は演劇部のみんなをコンテンポラリーダンスと現代音楽の合同クラブに案内しました。

来　緋　なんか、すごい……。

主次 音も動きも、みんな勝手にやっていてバラバラなような、でも全体としてバラバラじゃないような……。

溝口 ここはコンテンポラリーダンスと現代音楽の合同クラブよ。お互い部員不足で廃部になりそうだったから合併したの。この学校の部活やクラブは自由にいくらでもつくられているように見えるけど、その一方でなくなっていくものもあるのよ。

マリア 私たち演劇部は大丈夫だよね……？

ノーノ え、私たちも人数少ないし……もしかして……。

溝口 残念ながら職員会議でこんな議論があったの。

教頭 演劇部はなくすべきですね。

溝口 演劇部をなくすなんて、どういうつもりですか！

教頭 どういうつもりですかって、そんなことも分からないんじゃ、話にならないな。あんな演劇部、なくすのが当然でしょう。

溝　口　どんな高校にも演劇部はあります。我が校の演劇部をなくすわけにはいきません！

教　頭　一＋一＝二も分からない子どもみたいなことを言うもんじゃありませんよ。困った先生だ！

溝　口　分からないのは教頭先生でしょう。演劇部は生徒たちに必要なクラブなんです！

教　頭　やれやれ。だいたい溝口先生はわがままなことを言い過ぎだ。去年の文化祭のときも、期間を四日間にすべきだとか、ずいぶん無理なことをおっしゃっていた。

溝　口　わがままとはなんですか！　私がわがままなら、教頭先生は分からず屋です！

マリア　なんかこれって、ダメな議論の見本市みたいになってない？

圭　次　**「水かけ論」**だよね。

ノーノ 「そんなことも分からないのか」とか、「子どもみたいなことを言う」とか、上から目線で押さえつけようとしてる。

圭次 説得力があるようで、実はない。**「ニセモノの説得力」**だ。

マリア 「去年の文化祭のときもあなたはずいぶん無理なことを言った」って、**「ずれた反論」**だよね。

圭次 演劇部の話をしているのに、去年の文化祭のことを持ち出すなんて、論点がずれてるね。

来緋 溝口先生の「どんな高校にも演劇部はあります。我が校の演劇部をなくすわけにはいきません!」って……。

マリア あ、これって!

来緋 **「横ならび論法」**! 他の高校に演劇部があるからって、うちの高校になければいけないってことはない。

溝口 私もつい感情的になってしまったの。

圭次 先生は僕らの味方だよね。僕らも論理のちからを身につけてきたわけだし、

溝口　直談判して戦おうよ！
　頼もしいわね。だけど、論理のちからが本当に力を発揮するのは、戦いの場面ではないの。

来緋　どういうこと？

溝口　今までいろいろな論理のちからをあなたたちに教えてきた。だけど、それを支えているのはただ一つのこと。**自分と違う意見を尊重するという姿勢。**

来緋　無理！　演劇部をつぶせなんて意見、尊重できるわけないよ！

溝口　**異なる意見を尊重するということは、けっして相手の言いなりになるということではないわ。**

マリア　じゃあ、私は私、あなたはあなたで、お互いに干渉し合わないようにする……ってこと？

溝口　それも、異なる意見を尊重するということではないわ。

圭次　干渉し合わないのだと、むしろ無視してるって感じ。

ノーノ　じゃあ、自分と違う意見を尊重するって……？

溝　口　**相手を理解しようとすること。どうしてそう考えるのか、その理由も理解する。そしてその上で、異なる意見から学ぼうとする姿勢をもつこと。**

ノーノ　私たち、ちょっと体育館を使いすぎかもね……。

圭　次　部員を増やす努力もしなくちゃいけないし……。

マリア　どうして演劇部をなくそうと考えているのか、その理由が分かれば、演劇部をもっといい部にできるん

異なる意見から学ぼうとする姿勢がだいじ!!

じゃないかな……。

来　緋　(めずらしく大声で) そうか!

ノーノ　うわ、びっくりした!

来　緋　劇の台本だよ!　タネは意見が違う人たちとは一緒にやっていけないって考えて、他人を拒否した。だけど、だいじなのは異なる意見を尊重するっていうことなんだ。それは、みんなが同じ意見になるっていうこととは違う。

マリア　それだよ!　来緋!

圭　次　なんか最後のシーンが見えてきた……。

できあがった台本で演劇部がリハーサルを始めました。

タ　ネ　みんな、僕のことなんてどうでもいいんだ……それなら……みんな……いっそのこと……いっそのこと……いなくなればいい。二月二九日生まれの僕たちが、一七歳になって迎えた朝、誰もここには戻らなかった。こうしてこの世界は再び、僕ひとりになった。意見が合わないんだからしょうがないよ。意見が違う人とは一緒にやっていけないんだから！

（ひとりぼっちになってしまったタネ。暗闇に仲間たちの姿が浮かぶ）

ヒネ　わたしたちは双子。だけど考え方は違う。それでもずっと一緒にやってきた。

タネ　違うんだから！　意見が！

アジオ　君が僕を求めたんだ。友だちがほしいって。

タネ　でも、ぶつかってばかりだったじゃないか。

レビ　それで私を求めた。

タネ　この世界の誰とも意見なんて合わないんだ！

ヒネ　だから、いいんじゃない。

タネ　え？

ヒネ　タネだって、違う考えの人たちと出会うことで、成長してきたんだよ。

タネ　僕はみんなに拒否された。だから、僕もみんなを拒否したんだ。

アジオ　違うよ。全然違う。意見が違っても自分が拒否されているわけじゃない。確かに僕と君はよく意見が対立した。でも、僕は君のことを嫌いだなんて思ったことはない。

タネ　そうなの？

アジオ　僕もさ、人の意見を聞かないところがある。でも、それじゃダメなんだね。自分の考えに凝り固まっちゃったら、成長しないし、新しいものも生まれてこない。

レビ　タネ、自分と違う意見をこわがらないで！

タネ　僕は臆病だった。この世界に居場所を求めてひとりになろうとした。でも、そうすることでかえって僕は居場所を失った。僕は今でも臆病だ。だけど、僕が僕自身であるためには、僕は僕自身を越えなくてはいけない。

世界に都会の喧騒《けんそう》が戻る――。

マリア　『一六歳の国』とうとう完成したね！

圭次　完成した！

ノーノ　この劇が評判になれば、演劇部の存在をアピールできる！

圭次　ここから意見を出し合って、文化祭までにもっといい作品に仕上げていこう！

来緋　タネを演じることで、ぼくもちょっと成長したかも。**自分と違う意見を尊重するって、難しいけど、だいじだね。**

マリア　**なぜ、自分とは違う考え方をするのか、その理由をきちんと理解して、自分とは違う意見から学ぼうとする。**もしかして、これも？

溝口　そう。これも論理のち・か・ら。

異なる意見から学ぶ

アリス　うさぎさん、不思議の国の人たちの意見って、私には理解できない。

うさぎさん　自分と異なる意見はすぐに理解できないことも多いよ。だいじなのは理解しようとする姿勢を持ち続けること。すぐに理解できなくても、あきらめちゃだめさ。

アリス　あきらめちゃだめ。分かったわ。でもね……。

うさぎさん　なんだい？

アリス　不思議の国の人たちって、お互いを理解しようとすることをあきらめてない？

うさぎさん　えっ!?

アリス　異なる意見から学ぶことを、あきらめちゃってない？

うさぎさん　そ、そうかな……。

アリス　だったらやっぱり私、この国にはいつまでもいられない。お互いに理解して
学び合おうとする国に戻らなくちゃ。

うさぎさん　アリス……。

アリス　うさぎさん！　ありがとう。

アリスにお別れのキスをされ、ほおを赤らめるうさぎさん。
そして、足早にトンネルの闇に消えてゆくアリス——。

——部屋の椅子の上でネコのキティーと遊ぶアリス。

アリス　夢だったのかしら。そうね、私は夢からも学べるけど、夢は私から学べない。
でも、あんな夢なら、また見たいな。

解説

異なる意見を尊重する

違いを受け入れつつ、なお違いを解消しようと努力する

私たちは誰もが同じ意見をもっているわけではありません。いろんな意見の人がいます。そのとき、自分と違う意見を切り捨ててしまうのであれば、相手を理解する必要はないし、説得する必要もありませんから、論理など不要です。

自分と意見が違う人を暴力で（身体的な暴力だけでなく、言葉の暴力で）屈服させようとするときにも、論理は不要です。あるいは、同じ意見の人たちだけで盛り上がろうという場合でも、論理は必要ありません。

仲間内で求められるのは「ツー」と言えば「カー」と応じる関係で、「だから」とか「しかし」とかまだるっこしいことは嫌がられるだけでしょう。

論理が必要になるのは、異なる意見の人とつながろうとするときなのです。

でも、何気なく言ってしまいましたが、「異なる意見の人とつながる」とは、どういうことでしょう。「異なる意見を尊重する」、これがレッスン10の――この本の最後のレッスンの――タイトルです。


では「尊重する」とは何をすることなのでしょう。相手の意見は自分と違うけれど、それはそれでいいんだと思うことでしょうか。相手の意見に従うことでしょうか。それとも、理を尽くした上で自分の意見に納得してもらうことでしょうか。どれも少しずつ言い当てていますが、どれも違います。


なによりもまず、理解しようとすること。意見の異なる相手に対し、どうしてそう考えるのか、根拠を尋ね、相手の考えをきちんと理解しようとすること。

だけど、完全には理解できないことも多いでしょう。だいじなのは、分かろうとする姿勢を崩すことなく、それでも相手の分からなさを受け入れることです。

人と人はお互いに分かりきれるものではないと認めつつ、それでも少しでももっと理解しようとすることです。

そして、合意を求めて努力すること。論理的な態度で説得しようとし、相手の議論にも心を開いて冷静に検討して、ときには妥協して歩み寄る。だけど、合意に至らないことも珍しくありません。ここでもまた、それを受け入れることです。

むしろ、多様な意見の存在はその集団の健全さを示しているとさえ、言えます。でも、人それぞれだということは認めつつ、なんとかして少しでも合意に近づけないかと努力する。

意見の違いを受け入れることと、意見の違いを解消しようとすること、この両方が求められます。

相反するようにも見えるこの両方の態度の微妙なバランス、それが、「異なる意見を尊重する／異なる意見の人とつながる」ということです。

そして、その匙加減を気分や感情に流されずに冷静に見積もるには、論理は不可欠の道具なのです。

〈了〉

ＮＨＫ高校講座『ロンリのちから』番組スタッフ

プロデューサー：足立圭介・草谷緑・藤澤司（ＮＨＫエデュケーショナル）
デスク：北里京子・小杉早苗（ＮＨＫエデュケーショナル）
ディレクター：夏目現（I was a Ballerina）
制作：渡邉正裕（I was a Ballerina）
編集：中里耕介
オープニングタイトル：高橋健人（I was a Ballerina）
ＣＧコーナー：岩下みどり・白佐木和馬（ILCA）
音響効果：磯田正文（D3PROJECT）

監修：野矢茂樹

※肩書き・所属は番組制作当時のものです

書籍編集協力：ＮＨＫエデュケーショナル

本書は、小社より刊行した単行本を文庫化したものです。

番組紹介：NHK『ロンリのちから』
NHK・Eテレ『ロンリのちから』は、論理的思考力（ロジカルシンキング）の基礎を養うNHK『高校講座』の人気番組。高校を舞台としたドラマ形式で、具体的な例文を交えながら、「論理的に考えるとはどういうことか」を学んでいく。わかりやすい内容はもちろん、シュールな映像と音楽が醸し出す独特の世界観が話題。ビジネスパーソンのファンも多い。番組書籍化第一弾『ロンリのちから』（三笠書房）も好評発売中。

監修者紹介：野矢茂樹（のや・しげき）
1954年東京生まれ。東京大学大学院教授を経て、現在、立正大学文学部哲学学科教授。専攻は哲学。主な著書に『論理トレーニング101題』（産業図書）、『はじめて考えるときのように』（PHP文庫）、『入門！ 論理学』（中公新書）、『語りえぬものを語る』（講談社学術文庫）、『まったくゼロからの論理学』（岩波書店）などがある。

知的生きかた文庫

「ロンリ」の授業《じゅぎょう》

著　者　NHK《エヌエイチケイ》『ロンリのちから』制作班《せいさくはん》
監修者　野《の》矢《や》茂樹《しげき》
発行者　押鐘太陽
発行所　株式会社三笠書房
〒一〇二-〇〇七二　東京都千代田区飯田橋三-三-一
電話〇三-五二二六-五七三四〈営業部〉
〇三-五二二六-五七三一〈編集部〉
https://www.mikasashobo.co.jp
印刷　誠宏印刷
製本　若林製本工場

ISBN978-4-8379-8797-0 C0130